は　じ　め　に

　技能検定は、労働者の有する技能を一定の基準によって検定し、これを公証する国家検定制度であり、技能に対する社会一般の評価を高め、働く人々の技能と地位の向上を図ることを目的として、職業能力開発促進法に基づいて 1959 年（昭和 34 年）から実施されています。

　当研究会では、1975 年（昭和 50 年）から技能検定試験受検者の学習に資するため、過去に出題された学科試験問題（1・2 級）に解説を付して、「学科試験問題解説集」を発行しております。

　このたびさらに、平成 29・30・令和元年度に出題された学科試験問題、ならびに令和元年度の実技試験問題（計画立案等作業試験は平成 29・30・令和元年度を収録）を「技能検定試験問題集（正解表付き）」として発行することになりました。

　本問題集が 1 級・2 級の技能士を目指して技能検定試験を受検される多くの方々にご利用いただき、大きな成果が上がることを祈念いたします。

　令和 2 年 9 月

一般社団法人 雇用問題研究会

目　　次

技 能 検 定 の 概 要

1 技能検定試験の等級区分

技能検定試験は合格に必要な技能の程度を等級ごとに次のとおりに区分しています。

特　　級：検定職種ごとの管理者又は監督者が通常有すべき技能及びこれに関する知識の程度

1　　級：検定職種ごとの上級の技能労働者が通常有すべき技能及びこれに関する知識の程度

2　　級：検定職種ごとの中級の技能労働者が通常有すべき技能及びこれに関する知識の程度

3　　級：検定職種ごとの初級の技能労働者が通常有すべき技能及びこれに関する知識の程度

単一等級：検定職種ごとの上級の技能労働者が通常有すべき技能及びこれに関する知識の程度

※これらの他に外国人実習生等を対象とした基礎級があります。

2 検定試験の基準

技能検定は、実技試験及び学科試験によって行われています。

実技試験は、実際に作業などを行わせて、その技量の程度を検定する試験であり、学科試験は、技能の裏付けとなる知識について行う試験です。

実技試験及び学科試験は、検定職種の等級ごとに、それぞれの試験科目及びその範囲が職業能力開発促進法施行規則により、また、その具体的な細目が厚生労働省職業能力開発局長通達により定められています。

(1) 実技試験

実技試験は、実際に作業（物の製作、組立て、調整など）を行わせて試験する、製作等作業試験が中心となっており、検定職種の大部分のものについては、その課題が試験日に先立って公表されています。

試験時間は、1級、2級及び単一等級については原則として5時間以内、3級については3時間以内が標準となっています。

また、検定職種によっては、製作等作業試験の他、実際的な能力を試験するため、次のような判断等試験又は計画立案等作業試験が併用されることがあります。

① 判断等試験

　判断等試験は、製作等作業試験のみでは技能評価が困難な場合又は検定職種の性格や試験実施技術等の事情により製作等作業試験の実施が困難な場合に用いられるもので、例えば技能者として体得していなければならない基本的な技能について、原材料、模型、写真などを受検者に提示し、判別、判断などを行わせ、その技能を評価する試験です。

② 計画立案等作業試験

　製作等作業試験、判断等試験の一方又は双方でも技能評価が不足する場合に用いられるもので、現場における実際的、応用的な課題を、表、グラフ、文章などにより設問したものを受検者に提示し、計算、計画立案、予測などを行わせることにより技能の程度を評価する試験です。

(2) 学科試験

　学科試験は、単に学問的な知識を試験するものではなく、作業の遂行に必要な正しい判断力及び知識の有無を判定することに主眼がおかれています。また、それぞれの等級における試験の概要は次表のとおりです。

　この中で、真偽法は一つの問題文の正誤を回答する形式であり、五肢択一法及び四肢択一法は一つの問題文について複数の選択肢の中から一つを選択して回答する形式です。

　■学科試験の概要

等級区分	試験の形式	問題数	試験時間
特　　　級	五肢択一法	50題	2時間
1　　　級	真偽法及び四肢択一法	50題	1時間40分
2　　　級	真偽法及び四肢択一法	50題	1時間40分
3　　　級	真偽法	30題	1時間
単一等級	真偽法及び四肢択一法	50題	1時間40分

3　技能検定の受検資格

　技能検定を受検するには、原則として検定職種に関する実務の経験が必要で、その年数は職業訓練歴、学歴等により異なっています（別表1参照）。

　この実務の経験の範囲には、現場での作業のみならず管理、監督、訓練、教育及び研究の業務や訓練又は教育を受けた期間が含まれます。

4 試験の実施日程

技能検定試験は職種ごとに前期、後期に分かれていますが、日程の概要は次のとおりです。

項	前 期	後 期
受付期間	4月上旬～中旬	10月上旬～中旬
実技試験	6月上旬～9月上旬	12月上旬～翌年2月中旬
学科試験	8月下旬～9月上旬の日曜日 3級は7月中旬～下旬の日曜日	翌年1月下旬～2月上旬の日曜日
合格発表	10月上旬、3級は8月下旬	翌年3月中旬

※日程の詳細については都道府県職業能力開発協会（連絡先等は別表2参照）にお問い合わせ下さい。

5 技能検定の実施体制

技能検定は厚生労働大臣が定めた、実施計画に基づいて行うものですが、その実施業務は、厚生労働大臣、都道府県知事、中央職業能力開発協会、都道府県職業能力開発協会等の間で分担されており、受検の受付及び試験の実施については、都道府県職業能力開発協会が行っています。

6 技能検定試験受検手数料

技能検定試験の受検手数料は「実技試験：18,200円」及び「学科試験：3,100円」を標準額として、職種ごとに各都道府県で決定しています（令和2年4月1日現在、都道府県知事が実施する111職種）。

なお、35歳未満の方は、2級又は3級の実技試験の受検手数料が最大9,000円減額されます。詳しくは都道府県職業能力開発協会にお問い合わせ下さい。

7 技能検定の合格者

技能検定の合格者には、厚生労働大臣名（特級、1級、単一等級）又は都道府県知事名等（2級、3級）の合格証明が交付され、技能士と称することができます。

別表1

技能検定の受検に必要な実務経験年数一覧
（都道府県知事が実施する検定職種）

（単位：年）

受検対象者 (※1)	特級 1級合格後	1級	1級 2級合格後	1級 3級合格後	2級	2級 3級合格後	3級 (※7)	基礎級 (※7)	単一等級
実務経験のみ		7			2		0 ※8	0 ※8	3
専門高校卒業 ※2　専修学校(大学入学資格付与課程に限る)卒業		6			0		0	0	1
短大・高専・高校専攻科卒業 ※2　専門職大学前期課程修了　専修学校(大学編入資格付与課程に限る)卒業		5			0		0	0	0
大学卒業(専門職大学前期課程修了者を除く) ※2　専修学校(大学院入学資格付与課程に限る)卒業		4			0		0	0	0
専修学校又は各種学校卒業(厚生労働大臣が指定したものに限る。) 800時間以上	5	6	2	4	0	0	0 ※9	0 ※9	1
〃 1600時間以上		5			0		0 ※9	0 ※9	1
〃 3200時間以上		4			0		0 ※9	0 ※9	0
短期課程の普通職業訓練修了 ※4 ※10 700時間以上		6			0		0 ※6	0 ※6	0
普通課程の普通職業訓練修了 ※4 ※10 2800時間未満		5			0		0	0	1
〃 2800時間以上		4			0		0	0	0
専門課程又は特定専門課程の高度職業訓練修了 ※4 ※10	3		1	2	0		0	0	0
応用課程又は特定応用課程の高度職業訓練修了 ※10			1				0	0	0
長期養成課程又は短期養成課程の指導員訓練修了 ※10			1 ※5		0 ※5		0	0	0
職業訓練指導員免許取得			1		—		—	—	0
長期養成課程の指導員訓練修了 ※10			0		0		0	0	0

※ 1：検定職種に関する学科、訓練科又は免許職種に限る。

※ 2：学校教育法による大学、短期大学又は高等学校と同等以上と認められる外国の学校又は他法令学校を卒業した者並びに独立行政法人大学改革支援・学位授与機構により学士の学位を授与された者は学校教育法に基づくそれぞれのものに準ずる。

※ 3：大学入学資格付与課程、大学入学資格付与課程及び大学院入学資格付与課程の専修学校を除く。

※ 4：職業訓練の一部を改正する法律（昭和53年法律第40号）の施行前に、改正前の職業訓練法に基づく高等訓練課程又は特別高等訓練課程の養成訓練を修了した者は、それぞれ改正後の職業能力開発促進法に基づく普通課程の普通職業訓練又は専門課程の高度職業訓練を修了したものとみなす。また、職業能力開発促進法の一部を改正する法律（平成4年法律第67号）の施行前に、改正前の職業能力開発促進法に基づく専門課程の養成訓練を修了した者は、専門課程の高度職業訓練を修了したものとみなし、改正前の職業能力開発促進法に基づく普通課程の養成訓練又は職業転換課程の能力再開発訓練（いずれも800時間以上のものに限る。）を修了した者はそれぞれ改正後の職業能力開発促進法に基づく普通課程の普通職業訓練又は短期課程の普通職業訓練を修了したものとみなす。

※ 5：短期養成課程の指導員訓練のうち、実務経験者訓練技法習得コースの修了者については、訓練修了後に行われる能力審査（職業訓練指導員試験に合格した者と同等以上の能力を有すると職業能力開発総合大学校の長が認める審査）に合格しているものに限る。

※ 6：総訓練時間が700時間未満のものを含む。

※ 7：3級及び基礎級の技能検定については、上記のほか、検定職種に関する学科に在学する者及び検定職種に関する訓練科において職業訓練を受けている者も受検できる。また、3級の技能検定については工業高等学校に在学する者等であって、かつ、工業高等学校の教員等による検定職種に係る講習を受講し、当該講習の責任者から技能検定試験受検に際して安全衛生上の問題等がないと判定されたものも受検できる。

※ 8：検定職種に関し実務の経験を有することを認めることとする。

※ 9：当該学校が厚生労働大臣の指定を受けたものであるか否かに関わらず、受検資格を付与する。

※ 10：職業能力開発促進法第92条に規定する職業訓練又は指導員訓練に準ずる訓練の修了者においても、修了した職業訓練又は指導員訓練の訓練課程に応じ、受検資格を付与する。

別表2　　**都道府県及び中央職業能力開発協会所在地一覧**

協　会　名	郵便番号	所　在　地	電話番号
北海道職業能力開発協会	003-0005	札幌市白石区東札幌5条1-1-2　北海道立職業能力開発支援センター内	011-825-2386
青森県職業能力開発協会	030-0122	青森市大字野尻字今田43-1　青森県立青森高等技術専門校内	017-738-5561
岩手県職業能力開発協会	028-3615	紫波郡矢巾町大字南矢幅10-3-1　岩手県立産業技術短期大学校内	019-613-4620
宮城県職業能力開発協会	981-0916	仙台市青葉区青葉町16-1	022-271-9917
秋田県職業能力開発協会	010-1601	秋田市向浜1-2-1　秋田県職業訓練センター内	018-862-3510
山形県職業能力開発協会	990-2473	山形市松栄2-2-1	023-644-8562
福島県職業能力開発協会	960-8043	福島市中町8-2　福島県自治会館5階	024-525-8681
茨城県職業能力開発協会	310-0005	水戸市水府町864-4　茨城県職業人材育成センター内	029-221-8647
栃木県職業能力開発協会	320-0032	宇都宮市昭和1-3-10　栃木県庁舎西別館	028-643-7002
群馬県職業能力開発協会	372-0801	伊勢崎市宮子町1211-1	0270-23-7761
埼玉県職業能力開発協会	330-0074	さいたま市浦和区北浦和5-6-5　埼玉県浦和合同庁舎5階	048-829-2802
千葉県職業能力開発協会	261-0026	千葉市美浜区幕張西4-1-10	043-296-1150
東京都職業能力開発協会	102-8113	千代田区飯田橋3-10-3　東京しごとセンター7階	03-5211-2353
神奈川県職業能力開発協会	231-0026	横浜市中区寿町1-4　かながわ労働プラザ6階	045-633-5419
新潟県職業能力開発協会	950-0965	新潟市中央区新光町15-2　新潟県公社総合ビル4階	025-283-2155
富山県職業能力開発協会	930-0094	富山市安住町7-18　安住町第一生命ビル2階	076-432-9887
石川県職業能力開発協会	920-0862	金沢市芳斉1-15-15　石川県職業能力開発プラザ3階	076-262-9020
福井県職業能力開発協会	910-0003	福井市松本3-16-10　福井県職員会館ビル4階	0776-27-6360
山梨県職業能力開発協会	400-0055	甲府市大津町2130-2	055-243-4916
長野県職業能力開発協会	380-0836	長野市大字南長野県町688-2　長野県婦人会館3階	026-234-9050
岐阜県職業能力開発協会	509-0109	各務原市テクノプラザ1-18　岐阜県人材開発支援センター内	058-260-8686
静岡県職業能力開発協会	424-0881	静岡市清水区楠160	054-345-9377
愛知県職業能力開発協会	451-0035	名古屋市西区浅間2-3-14　愛知県職業訓練会館内	052-524-2034
三重県職業能力開発協会	514-0004	津市栄町1-954　三重県栄町庁舎4階	059-228-2732
滋賀県職業能力開発協会	520-0865	大津市南郷5-2-14	077-533-0850
京都府職業能力開発協会	612-8416	京都市伏見区竹田流池町121-3　京都府立京都高等技術専門校内	075-642-5075
大阪府職業能力開発協会	550-0011	大阪市西区阿波座2-1-1　大阪本町西第一ビルディング6階	06-6534-7510
兵庫県職業能力開発協会	650-0011	神戸市中央区下山手通6-3-30　兵庫勤労福祉センター1階	078-371-2091
奈良県職業能力開発協会	630-8213	奈良市登大路町38-1　奈良県中小企業会館2階	0742-24-4127
和歌山県職業能力開発協会	640-8272	和歌山市砂山南3-3-38　和歌山技能センター内	073-425-4555
鳥取県職業能力開発協会	680-0845	鳥取市富安2-159　久本ビル5階	0857-22-3494
島根県職業能力開発協会	690-0048	松江市西嫁島1-4-5　SPビル2階	0852-23-1755
岡山県職業能力開発協会	700-0824	岡山市北区内山下2-3-10　アマノビル3階	086-225-1547
広島県職業能力開発協会	730-0052	広島市中区千田町3-7-47　広島県情報プラザ5階	082-245-4020
山口県職業能力開発協会	753-0051	山口市旭通り2-9-19　山口建設ビル3階	083-922-8646
徳島県職業能力開発協会	770-8006	徳島市新浜町1-1-7	088-663-2316
香川県職業能力開発協会	761-8031	高松市郷東町587-1　地域職業訓練センター内	087-882-2854
愛媛県職業能力開発協会	791-1101	松山市久米窪田町487-2　愛媛県産業技術研究所　管理棟2階	089-993-7301
高知県職業能力開発協会	781-5101	高知市布師田3992-4	088-846-2300
福岡県職業能力開発協会	813-0044	福岡市東区千早5-3-1　福岡人材開発センター2階	092-671-1238
佐賀県職業能力開発協会	840-0814	佐賀市成章町1-15	0952-24-6408
長崎県職業能力開発協会	851-2127	西彼杵郡長与町高田郷547-21	095-894-9971
熊本県職業能力開発協会	861-2202	上益城郡益城町田原2081-10　電子応用機械技術研究所内	096-285-5818
大分県職業能力開発協会	870-1141	大分市大字下宗方字古川1035-1　大分職業訓練センター内	097-542-3651
宮崎県職業能力開発協会	889-2155	宮崎市学園木花台西2-4-3	0985-58-1570
鹿児島県職業能力開発協会	892-0836	鹿児島市錦江町9-14	099-226-3240
沖縄県職業能力開発協会	900-0036	那覇市西3-14-1	098-862-4278
中央職業能力開発協会	160-8327	新宿区西新宿7-5-25　西新宿プライムスクエア11階	03-6758-2859

油圧装置調整

実技試験問題

令和元年度 技能検定

2級 油圧装置調整(油圧装置調整作業)
実技試験(製作等作業試験)問題

　次の注意事項及び仕様に従って、次頁の図(試験用心出し装置)のように、回転軸を持つブラケット 2 をベース上に取付け、心出し作業を行いなさい。

1　試験時間

　　標準時間　　1時間

　　打切り時間　1時間20分

2　注意事項

（1）　支給された材料の寸法、数量等が「4　支給材料」のとおりであることを確認すること。

（2）　支給された材料に異常がある場合は、技能検定委員に申し出ること。

（3）　試験開始後は、原則として支給材料の再支給はされない。

（4）　使用工具等は、「使用工具等一覧表」で指定したもの以外は使用しないこと。

（5）　試験中は、工具等の貸し借りは禁止する。

（6）　作業時の服装等は、作業に適したもの(作業帽、安全靴着用)であること。また、安全靴を着用しない場合は受検できないこと。

（7）　標準時間を超えて作業を行った場合は、超過時間に応じて減点される。ただし、試験時間の計測は、「試験開始」の合図から、作業が終了した時点までとするので、その時点で技能検定委員に作業終了の意志表示をすること。

（8）　試験中は、携帯電話(電卓機能の使用を含む)等の使用は禁止とする。

（9）　**この問題には、事前に書込みをしないこと。また、試験中には、他の用紙にメモをしたものや参考書等を参照することは禁止とする。**

（10）　次の事項に該当した場合は、不合格又は失格となること。ただし、下記以外も不合格又は失格となる場合があること。

　　イ　作業が打切り時間以内に完了しないもの。

　　ロ　ブラケット 1 のボルトを緩めたもの。

3 仕様

(1) ブラケット1は、調整済みのため、ボルトを緩めないこと。

(2) 心出し精度は、ダイヤルゲージの読みが、軸先端から5mmの位置で0.1mm(偏心0.05mm)及び軸先端から35mmの位置で0.25mm(偏心0.125mm)以内の振れに調整すること。

(3) マグネットスタンドは、ブラケット1側の軸に取り付けて測定すること。

(4) ボルトの締付けトルクは、40N・m以上とする。

(5) 調整に使用するシムは、最少枚数で行い、ブラケットからのシムのはみ出しがないこと。

(6) シムは、図のようなコの字状に切断して使用すること。ただし、切欠き部の大きさは、図のようにねじ穴より大きくすること。

(7) シムのかえり取りは、試験用心出し装置の上で行わないこと。

(8) 平座金を必ず使用すること。

試験用心出し装置

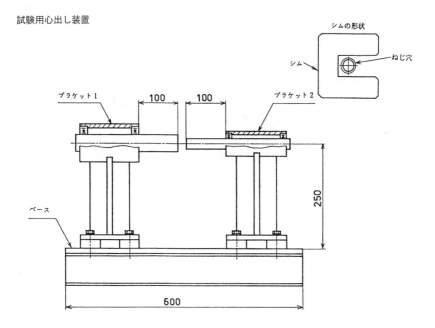

4 支給材料

試験用材料として下記のものが支給される。

品名	寸法又は規格	数量	備考
シム	幅約60mm×長さ約300mm 厚さ0.05mm、0.1mm、0.2mm、0.3mm	各1枚	材質は、鉄、銅又は真ちゅうのもの

2級 油圧装置調整（油圧装置調整作業）実技試験使用工具等一覧表

1 受検者が持参するもの

	品名	寸法又は規格	数量	備考
測定具等	ダイヤルゲージ	目量 0.01mm	1	マグネットスタンド付き
	スケール	150mm	1	
	すきまゲージ		1組	
工具等	スパナ	M10 用(二面幅 17mm)	1	めがねレンチ又はモンキレンチでもよい
	金切りはさみ		1	シム切断用
	はさみ		1	
	プラスチックハンマ	450g(1 ポンド)程度	1	
	油といし		1	
	ウエス		若干	
	筆記用具		一式	
服装	作業服等		一式	帽子を含む
	安全靴	JIS T8101 若しくは JSAA 認定品又はその相当品も可	一式	

注 1) 受検者が持参するものは、上表に掲げるものに限る。

注 2) 安全の観点により、労働安全衛生規則第 558 条に準拠する。よって、受検条件として受検者は各自、安全靴を持参し、実技試験中は着用とする。

2 試験場に準備してあるもの

（数量欄の数字は、受検者 1 人当たりの数量を示す。）

品名	寸法又は規格	数量	備考
試験用心出し装置	P.2 に示すもの*	一式	
台	適宜	1	シムかえり取り用

＊本書では P.13

実技試験（計画立案等作業試験）問題について

1 試験実施日

令和2年2月2日(日)全国一斉に実施する。

2 試験時間

2時間

3 問題の概要

油圧回路図の読図及び作成、油圧装置の運転調整及び故障発見並びに油圧機器の機能等について行う。

4 持参用具等

品名	寸法又は規格	数量	備考
筆記用具		一式	
電子式卓上計算機	電池式(太陽電池式含む)	1	関数電卓可(ただし、プログラム機能付きのものは不可)

注) 受検者が持参するものについては、上表に掲げるものに限る。

令和元年度 技能検定

２級 油圧装置調整（油圧装置調整作業）

実技試験（計画立案等作業試験）問題

1 試験時間

２時間

2 注意事項

（1） 係員の指示があるまで、この表紙はあけないでください。

（2） 解答用紙に、受検番号及び氏名を必ず記入してください。

（3） 係員の指示に従って、この試験問題が表紙を含めて 10 ページであることを確認してください。
それらに異常がある場合は、黙って手を挙げてください。

（4） 試験開始の合図で始めてください。

（5） 解答は、解答用紙の解答欄に記入してください。
なお、要求している解答以外は記入しないでください。

（6） 試験中は、携帯電話(電卓機能の使用を含む。)等の使用を禁止とします。

（7） 試験中、質問があるときは、黙って手を挙げてください。ただし、試験問題の内容、漢字の読み方等に関する質問にはお答えできません。

（8） 試験終了時刻前に解答ができあがった場合は、黙って手を挙げて、係員の指示に従ってください。

（9） 試験中に手洗いに立ちたいときは、黙って手を挙げて、係員の指示に従ってください。

（10） 試験終了の合図があったら、筆記用具を置き、係員の指示に従ってください。

（11） 試験終了後、解答用紙を提出してください。

（12） 計算等は、問題用紙の余白又は裏面を使用して行ってください。

3 試験に使用できる用具等一覧

品　　名	寸法又は規格	数　量	備　　考
筆記用具		一式	
電子式卓上計算機	電池式(太陽電池式含む)	1	関数電卓可(ただし、プログラム機能付きのものは不可)

問題 1

　下図に示す油圧回路図と動作シーケンス図を読み、次の【設問 1】～【設問 7】について正しいものには○を、間違っているものには×を解答欄に記入しなさい。

　なお、圧力制御弁は適切に設定されているものとする。

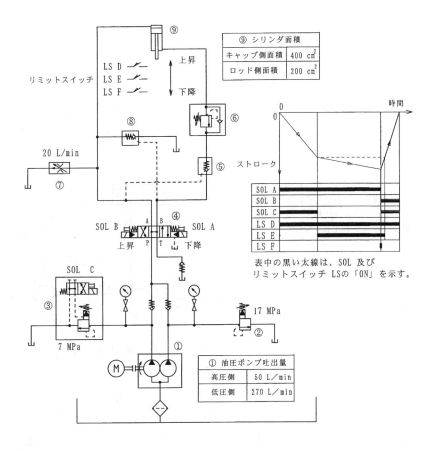

⑨ シリンダ面積	
キャップ側面積	400 cm²
ロッド側面積	200 cm²

① 油圧ポンプ吐出量	
高圧側	50 L／min
低圧側	270 L／min

表中の黒い太線は、SOL 及び
リミットスイッチ LSの「ON」を示す。

【設問 1】　高速下降区間でのシリンダの速度は、8 m／min である。

【設問 2】　機器⑥はカウンターバランス弁であり、下降時の暴走を防止するものである。

【設問 3】　下降速度の調整は、機器⑦で行う。この速度制御方法はブリードオフ回路と呼ばれる。

【設問 4】　シリンダが下降してリミットスイッチのＬＳ　ＥがONすると、ＳＯＬ　ＣがONになる。

【設問 5】　低速下降区間では低圧側ポンプはアンロード回路となる。

【設問 6】　上昇区間では、シリンダのキャップ側から排出する油は、パイロットチエック弁⑧からも油タンクに戻される。

【設問 7】　上昇区間でのシリンダ速度は、16 m／min である。

問題 2

　下図に示す油圧回路図について、次の各設問の(　　)内に当てはまるものを【語群】の中から一つずつ選び、解答欄に記号で答えなさい。ただし、【設問 2】～【設問 3】については、小数点以下の端数がある場合は、小数点第 1 位を四捨五入して整数とする。なお、同一記号を重複して使用してはならない。

【条件】
1　シリンダ面積
　　　キャップ側：20 cm²
　　　ロッド側：15 cm²
2　シリンダ負荷 F
　　① 負荷 A 時：6 kN
　　② 負荷 B 時：12 kN
3　高圧ポンプ吐出し量：10 L／min
4　低圧ポンプ吐出し量：30 L／min
5　リリーフ弁設定圧力：7 MPa
6　アンロード弁設定圧力：4 MPa
7　配管・機器の圧力損失及び圧力制御弁の
　　圧力オーバライドは無視する
8　ポンプの全効率は 100 ％とする

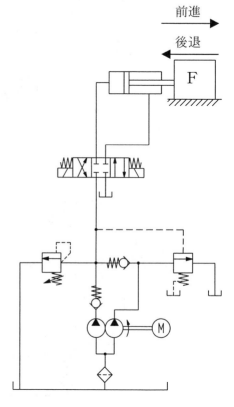

【設問 1】この油圧回路は、二つの油圧ポンプを使用し、回路効率を上げる(　①　)回路である。

【設問 2】負荷 A 時のシリンダ前進時の速度は、(　②　)cm／s である。

【設問 3】負荷 B 時のシリンダ前進時の速度は、(　③　)cm／s である。

【語群】

ア	差動	イ	オープンセンタ	ウ	バイパス
エ	HI・LO	オ	1	カ	2
キ	3	ク	4	ケ	5
コ	8	サ	25	シ	33
ス	50	セ	100	ソ	125

問題3

　次に示す油圧回路図及び条件を基に、メータイン回路、メータアウト回路及びブリードオフ回路の特徴を満たすように、次ページの[表]の①～⑫に当てはまる最も適切なものを[語群]及び[図記号群]の中からそれぞれ一つずつ選び、解答欄に記号で答えなさい。ただし、同一記号を重複して使用してもよい。

[条件]
1　前進時は、流量調整弁で速度制御を行い、シリンダの負荷圧力は6MPaとする。
2　後退時は、ポンプ吐出量の全量で動作させることとする。
3　油圧回路内の圧力損失はゼロとする。

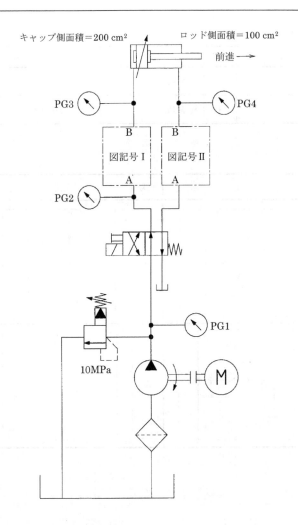

[表]

回路名	圧力計の指示値				図記号	
	PG1	PG2	PG3	PG4	I	II
メータイン回路	10MPa	10MPa	(①)	(②)	(③)	d
メータアウト回路	10MPa	(④)	(⑤)	(⑥)	d	(⑦)
ブリードオフ回路	(⑧)	(⑨)	(⑩)	(⑪)	(⑫)	d

[語群]

記号	数値	記号	数値	記号	数値
ア	0 MPa	イ	4 MPa	ウ	6 MPa
エ	8 MPa	オ	10 MPa	カ	20 MPa

[図記号群]

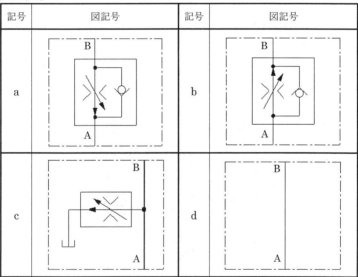

記号	図記号	記号	図記号
a		b	
c		d	

問題4

下図に示すギヤポンプについて、次の各設問に答えなさい。

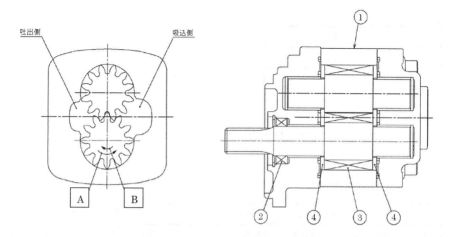

【設問1】

このギヤポンプを構成する部品番号①〜④の名称を[語群 1]から、その材質として最も適切なものを[語群2]からそれぞれ一つずつ選び、解答欄に記号で答えなさい。ただし、[語群2]については、同一記号を重複使用してはならない。

[語群1]

記号	語句	記号	語句	記号	語句	記号	語句
ア	ドリブンギヤ （従動ギヤ）	イ	ドライブギヤ （駆動ギヤ）	ウ	ボディ	エ	サイドプレート
オ	オイルシール	カ	カバー	キ	マウンティング	ク	ベアリング

[語群2]

記号	語句	記号	語句	記号	語句	記号	語句
a	アルミニウム合金	b	浸炭鋼	c	合成ゴム	d	銅合金

【設問2】

部品④の機能として、最も適切なものを[語群]から一つ選び、解答欄に記号で答えなさい。

[語群]

記号	語句
ア	ギヤの動きを良くする。
イ	ギヤからの油漏れを少なくし、ポンプの容積効率を上げる。
ウ	ごみの混入を防ぐ。

【設問 3】

　図中のギヤの回転方向について、適切なものを[語群]から一つ選び、解答欄に記号で答えなさい。

[語群]

記号	語句
ア	ギヤは A 方向に回転する。
イ	ギヤは B 方向に回転する。

【設問 4】

　ギヤポンプの容積効率に関する一般的な記述として、適切なものを[語群]から一つ選び、解答欄に記号で答えなさい。

[語群]

記号	語句
ア	すきま(歯先部等)が大きいほど、容積効率は高くなる。
イ	圧力が高いほど、容積効率は高くなる。
ウ	油温が高くなるほど、容積効率は低くなる。

【設問 5】

　ギヤポンプのトルク効率について、適切なものを[語群]から一つ選び、解答欄に記号で答えなさい。

[語群]

記号	語句
ア	オイルシールの締め代が大きいほど、漏れが少なくなり、トルク効率は高くなる。
イ	各しゅう動部のなじみが悪いと、トルク効率は低くなる。
ウ	トルク効率が高いほど損失が多く、容積効率は低くなる。

【設問 6】

　ギヤポンプに関する記述として、適切でないものを[語群]から一つ選び、解答欄に記号で答えなさい。

[語群]

記号	語句
ア	可動側板形では、可変容量機構が可能である。
イ	可動側板形には、プレッシャローディング方式とプレッシャバランス方式がある。
ウ	固定側板形では、高圧になると内部漏れが著しく増え、容積効率が低下する。

問題 5

下図に示す油圧回路図について、次の各設問に答えなさい。

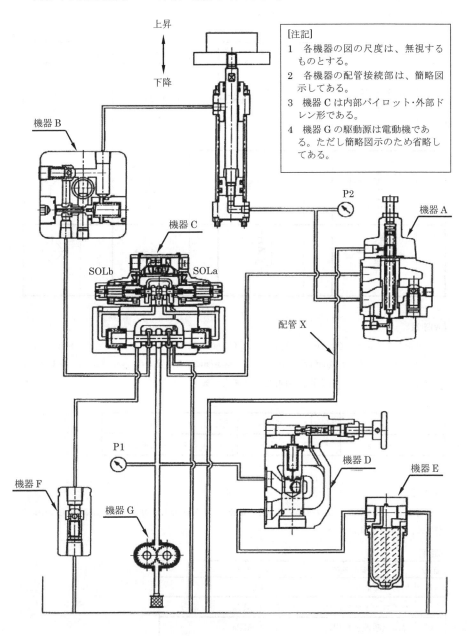

上昇

下降

[注記]
1　各機器の図の尺度は、無視するものとする。
2　各機器の配管接続部は、簡略図示してある。
3　機器 C は内部パイロット・外部ドレン形である。
4　機器 G の駆動源は電動機である。ただし簡略図示のため省略してある。

機器 B

P2

機器 A

機器 C

SOLb　　SOLa

配管 X

P1

機器 D

機器 E

機器 F

機器 G

【設問1】

機器A〜Fに当てはまる図記号として最も適切なものを[図記号群]から一つずつ選び、解答欄に記号で答えなさい。ただし、同一記号を重複して使用してはならない。

[図記号群]

記号	図記号	記号	図記号	記号	図記号	記号	図記号
ア		イ		ウ		エ	
オ		カ		キ		ク	
ケ		コ		サ		シ	

【設問2】

シリンダを上昇させるためには、機器 C の SOL a と SOL b のどちらのソレノイドを励磁させればよいか、適切なものを[語群]から一つ選び、解答欄に記号で答えなさい。ただし、ソレノイドを励磁させると、スプールを押す方向に動くものとする。

[語群]

記号	語句	記号	語句	記号	語句
ア	SOL a	イ	SOL b	ウ	どちらも励磁しない

【設問3】

機器 F の主要な機能とクラッキング圧力の組合せとして、最も適切なものを[語群]から一つ選び、解答欄に記号で答えなさい。

[語群]

記号	主要な機能	クラッキング圧力
ア	異常昇圧防止	10〜50kPa
イ	パイロット圧力確保	0.5〜0.8MPa
ウ	昇温（暖機運転用）	1.5〜2.5MPa

【設問4】

　この油圧回路図において、下記 I 、 II のような現象が生じた場合、考えられる原因として適切なものを[語群]から、 I 、 II についてそれぞれ二つずつ選び、解答欄に記号で答えなさい。ただし、同一記号を重複して使用してはならない。

現象	I	シリンダの上昇速度が遅い。
	II	シリンダを中間停止したとき、位置保持が悪い。

[語群]

記号	原　　因
ア	機器 D の設定圧が低い。
イ	機器 D の設定圧が高い。
ウ	機器 B の設定流量が大きい。
エ	機器 A の設定圧が低い。
オ	機器 A の設定圧が高い。
カ	機器 A 内のチェック弁の漏れが大きい。
キ	油圧ポンプの容積効率の低下。

【設問5】

　配管 X が閉そく(つまり)の状態にあるとき、この回路で予想される現象として適切なものを[語群]から一つ選び、解答欄に記号で答えなさい。

[語群]

記号	語句
ア	シリンダが上昇も下降もしなくなる。
イ	シリンダが下降しなくなる。
ウ	シリンダが上昇しなくなる。

平成 30 年度 技能検定

2 級 油圧装置調整(油圧装置調整作業)

実技試験(計画立案等作業試験)問題

1 試験時間

2 時間

2 注意事項

(1) 係員の指示があるまで、この表紙はあけないでください。

(2) 解答用紙に、受検番号及び氏名を必ず記入してください。

(3) 係員の指示に従って、この試験問題が表紙を含めて 10 ページであることを確認してください。
それらに異常がある場合は、黙って手を挙げてください。

(4) 試験開始の合図で始めてください。

(5) 解答は、解答用紙の解答欄に記入してください。
なお、要求している解答以外は記入しないでください。

(6) 試験中は、携帯電話(電卓機能の使用を含む。)等の使用を禁止とします。

(7) 試験中、質問があるときは、黙って手を挙げてください。ただし、試験問題の内容、漢字の読み
方等に関する質問にはお答えできません。

(8) 試験終了時刻前に解答ができあがった場合は、黙って手を挙げて、係員の指示に従ってください。

(9) 試験中に手洗いに立ちたいときは、黙って手を挙げて、係員の指示に従ってください。

(10) 試験終了の合図があったら、筆記用具を置き、係員の指示に従ってください。

(11) 試験終了後、解答用紙を提出してください。

(12) 計算等は、問題用紙の余白又は裏面を使用して行ってください。

3 試験に使用できる用具等一覧

品　　名	寸法又は規格	数　量	備　　考
筆記用具		一式	
電子式卓上計算機	電池式(太陽電池式含む)	1	関数電卓可(ただし、プログラム機能付きのものは不可)

問題 1

下図に示す油圧回路図について、次の各設問に答えなさい。

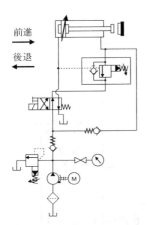

前進 →
後退 ←

【条件】
1　シリンダ面積
　　キャップ側：7500mm²
　　ロッド側：5000mm²
2　シリンダ負荷：30kN
3　ポンプ吐出し量：6L／min
4　配管・機器の圧力損失、圧力制御弁のオーバライド
　　圧力は無視する

【設問 1】

次の文中の（　①　）～（　⑤　）内に当てはまる語句を【語群】から一つずつ選び、解答欄に記号で答えなさい。ただし、同じ記号を重複して使用してもよい。

この回路の前進速度制御回路は、（　①　）回路であり、前進のシリンダ速度 V と出力 F の関係は

$$V = \frac{（　②　）}{（　③　）} \quad 、 \qquad F = （　④　）×（　⑤　）\quad となる。$$

【語群】

記号	語句	記号	語句	記号	語句
ア	供給圧力	イ	トルク	ウ	ロッド断面積
エ	キャップ断面積	オ	差動	カ	無負荷
キ	シーケンス	ク	ポンプ吐出し量	ケ	HI－LO

【設問 2】

次の文中の（　⑥　）～（　⑨　）内に当てはまる語句を【語群】から一つずつ選び、解答欄に記号で答えなさい。ただし、同じ記号を重複して使用してもよい。

前進時のシリンダ速度は、（　⑥　）mm／s である。

後退時のシリンダ速度は、（　⑦　）mm／s である。

前進時のポンプ吐出し圧力は、（　⑧　）MPa である。

後退時のポンプ吐出し圧力は、（　⑨　）MPa である。

【語群】

記号	語句	記号	語句	記号	語句	記号	語句
ア	0.2	イ	0.4	ウ	4	エ	6
オ	12	カ	13.3	キ	20	ク	40

問題 2

　下図は、ダムゲートを制御する油圧回路図である。次の文中の(①)〜(⑥)内に当てはまる最も適した油圧機器を、回路図中の⑦〜⑦からそれぞれ一つずつ選び、解答欄に記号で答えなさい。ただし、同じ記号を重複して使用してはならない。

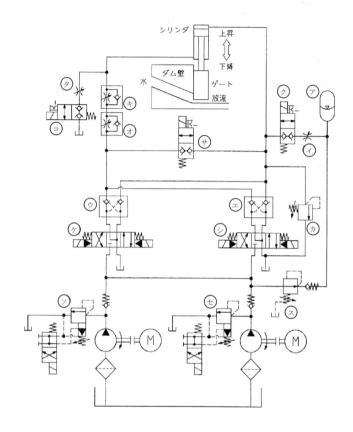

- ・ ゲートの自重による自重落下の速度制御は、絞り弁(①)によるメータアウト制御によって行われている。

- ・ ゲートの中間保持は、パイロットチェック弁(②)及び(③)で行う。

- ・ 下降時の過大なキャップ側圧力の防止及び水密保持(ゲート全閉時の水漏れ防止)での過大なシリンダ押付力防止のために、リリーフ弁(④)を設けている。

- ・ 緊急時、例えば停電でポンプが停止した場合に、手動でゲートを自重落下させるための差動回路を構成する弁(⑤)を設けている。

- ・ 水密保持(ゲート全閉時の水漏れ防止)にアキュムレータを使用しているが、アキュムレータ回路が開くときには圧抜き用切換弁(⑥)を開き、ロッド側圧力の圧抜きを行う。

問題3

　下図は、工作機械の治具締付け、ワーク搬出及び送りユニット用油圧装置の油圧回路図である。この油圧回路図中の①～⑥に最も当てはまる油圧図記号を【図記号群】から一つずつ選び、解答欄に記号で答えなさい。ただし、同じ記号を、重複して使用してはならない。なお、【条件】は以下のとおりである。

【条件】

> 治具締付け中に電磁切換弁の通電が切れても、クランプ力は保持すること。
> 治具を締め付ける力は、単独で調整できること。
> ワーク搬出用シリンダは、切換弁の中立位置で内部漏れの影響によって作動しないこと。
> 送りユニットの前進動作は、早送り、第一切削送り、第二切削送りがあるものとする。
> 送りユニットの油圧回路は発熱を極力少なくするように考慮すること。

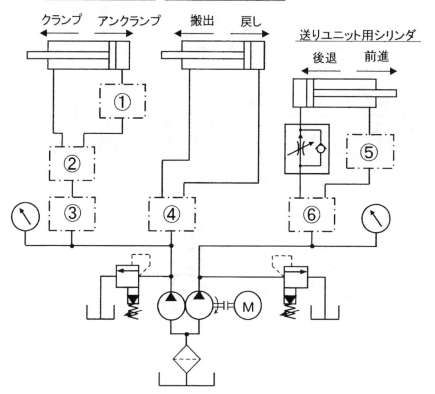

【図記号群】

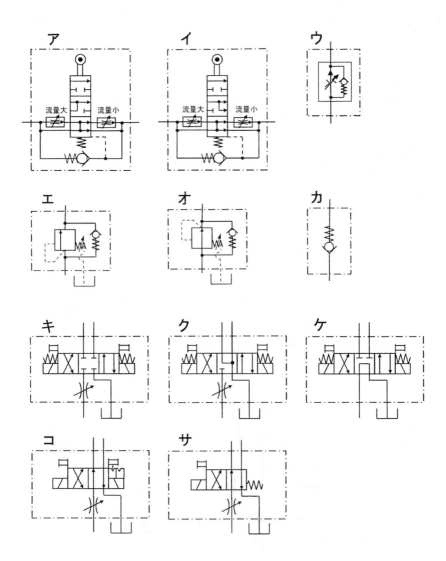

流量大　流量小（ア）
流量大　流量小（イ）

問題4

下図に示す油圧モータの断面図について、次の各設問に答えなさい。

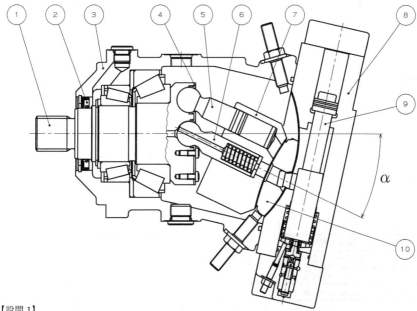

【設問1】

この油圧モータの形式として正しいものを【語群】から一つ選び、解答欄に記号で答えなさい。

【語群】

記号	形式
ア	斜軸式可変容量形ピストンモータ
イ	斜板式可変容量形ピストンモータ
ウ	斜軸式定容量形ピストンモータ
エ	斜板式定容量形ピストンモータ

【設問2】

この油圧モータを構成する部品番号 ① ～ ⑩ の部品名称に該当する最も適切なものを【語群】から一つずつ選び、解答欄に記号で答えなさい。ただし、同じ記号は重複して使用しないこと。

【語群】

記号	名称	記号	名称	記号	名称
ア	オイルシール	イ	ポートブロック	ウ	サイドプレート
エ	ポペット	オ	センターロッド	カ	シャフト
キ	スワッシュプレート	ク	サーボピストン	ケ	ハウジング
コ	シュー	サ	シリンダブロック	シ	バルブプレート
ス	ピストン	セ	リテーナ	ソ	コントロールバルブ

【設問3】
⑤の部品の材料として適切なものを【語群】から一つ選び、解答欄に記号で答えなさい。

【語群】

記号	材料
ア	ねずみ鋳鉄
イ	窒化鋼
ウ	アルミニウム合金
エ	銅合金

【設問4】
　この油圧モータに使用されている軸受に該当するものを【語群】から一つ選び、解答欄に記号で答えなさい。

【語群】

記号	軸受
ア	深溝玉軸受
イ	円すいころ軸受
ウ	円筒ころ軸受
エ	自動調心ころ軸受

【設問5】
　図中の角度 α を小さくしたとき、この油圧モータの特性として適切な語句を【語群】から二つ選び解答欄に記号で答えなさい。ただし、効率は考慮しないものとする。

【語群】

記号	油圧モータの特性
ア	油圧モータ前後の差圧が一定のとき、出力トルクは小さくなる。
イ	油圧モータ前後の差圧が一定であれば、出力トルクは変わらない。
ウ	油圧モータ前後の差圧が一定のとき、出力トルクは大きくなる。
エ	油圧モータへの押し込み流量が一定のとき、出力回転速度は速くなる。
オ	油圧モータへの押し込み流量が一定であれば、出力回転速度は変わらない。
カ	油圧モータへの押し込み流量が一定のとき、出力回転速度は遅くなる。

問題5

　下図に示す油圧回路図について、次の各設問に答えなさい。ただし、各機器の図の尺度は適宜なものであり、各機器の配管接続は簡略図示してある。

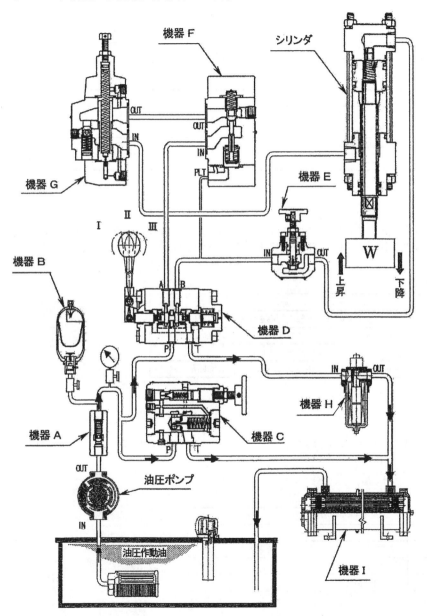

【設問1】

機器 A～I の名称を【語群】から一つずつ選び、解答欄に記号で答えなさい。ただし、同じ記号を重複して使用してはならない。

【語群】

記号	名称	記号	名称	記号	名称
ア	直動形リリーフ弁	イ	パイロット作動形リリーフ弁	ウ	ブレーキ弁
エ	カウンタバランス弁	オ	パイロット作動形減圧弁	カ	絞り弁
キ	パイロット操作チェック弁	ク	圧力補償付流量調整弁	ケ	手動方向切換弁
コ	電磁切換弁	サ	インライン形チェック弁	シ	空冷式冷却器
ス	水冷式冷却器	セ	アキュムレータ	ソ	ライン用フィルタ

【設問2】

機器 C のハンドルを全閉にしても、圧力が所定の圧力まで上昇しなかった。その原因として誤っている語句を【語群】から一つ選び、解答欄に記号で答えなさい。

【語群】

記号	原因
ア	パイロット弁のシート部にごみをかんでいた。
イ	パイロット弁の絞り部にゴミが詰まっていた。
ウ	主弁の絞り部にゴミが詰まっていた。
エ	主弁又はパイロット弁のシート部が摩耗していた。

【設問3】

この装置でポンプ付近から大きな騒音が発生した。その原因として誤っているものを【語群】から一つ選び、解答欄に記号で答えなさい。

【語群】

記号	原因
ア	吸入管からエアーを吸っている。
イ	タンク用フィルタが目詰まりを起こしている。
ウ	吸入管が太すぎる。
エ	作動油の粘度が高すぎる。

【設問4】

　この装置で作動油の温度が異常に上昇した。その原因として誤っているものを【語群】から一つ選び、解答欄に記号で答えなさい。

【語群】

記号	原因
ア	機器Ⅰの能力が低下している。
イ	管路抵抗が大きい。
ウ	機器Cの設定圧力が高すぎる。
エ	粘度が高くなり、機器Dの内部リークが増加した。

【設問5】

　この装置で作動油が劣化したため、フラッシング作業を実施することになった。フラッシング作業を実施する上での注意事項として適切でないものを【語群】から一つ選び、解答欄に記号で答えなさい。

【語群】

記号	注意事項
ア	汚染物質が回路内に多い場合には、最初は高負荷で運転し、配管に付着した異物を完全に除去する。
イ	全系統に油が回るように油圧回路内のバルブを操作し、シリンダも動作させる。
ウ	フラッシング油はできる限り抜き取り、残存しないようにする。
エ	フラッシング油を抜いた後にフィルタの清掃を行う。

平成29年度 技能検定

2級 油圧装置調整(油圧装置調整作業)

実技試験(計画立案等作業試験)問題

1 試験時間

2時間

2 注意事項

(1) 係員の指示があるまで、この表紙はあけないでください。

(2) 解答用紙に、受検番号及び氏名を必ず記入してください。

(3) 係員の指示に従って、この試験問題が表紙を含めて13ページであることを確認してください。

それらに異常がある場合は、黙って手を挙げてください。

(4) 試験開始の合図で始めてください。

(5) 解答は、解答用紙の解答欄に記入してください。

なお、要求している解答以外は記入しないでください。

(6) 試験中は、携帯電話(電卓機能の使用を含む。)等の使用を禁止とします。

(7) 試験中、質問があるときは、黙って手を挙げてください。ただし、試験問題の内容、漢字の読み方等に関する質問にはお答えできません。

(8) 試験終了時刻前に解答ができあがった場合は、黙って手を挙げて、係員の指示に従ってください。

(9) 試験中に手洗いに立ちたいときは、黙って手を挙げて、係員の指示に従ってください。

(10) 試験終了の合図があったら、筆記用具を置き、係員の指示に従ってください。

(11) 試験終了後、解答用紙を提出してください。

(12) 計算等は、問題用紙の余白又は裏面を使用して行ってください。

3 試験に使用できる用具等一覧

品　名	寸法又は規格	数　量	備　考
筆記用具		一式	
電子式卓上計算機	電池式(太陽電池式含む)	1	関数電卓可(ただし、プログラム機能付きのものは不可)

問題1

　下図は小形パワーショベルの油圧回路図である。この油圧回路図に関する記述として適切なものを【語群】から五つ選び、解答欄に記号で答えなさい。

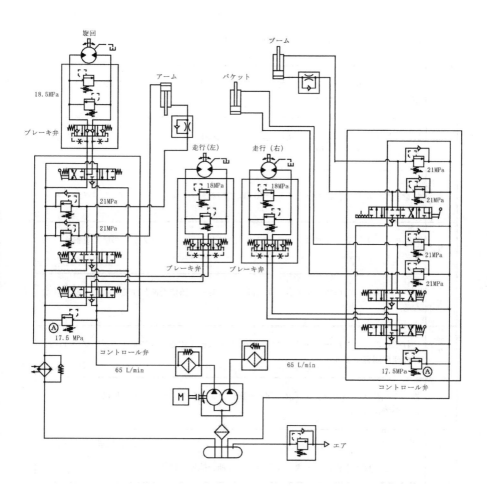

【語群】

記号	語句
ア	油タンクは大気開放タンクを使用しているが、これは外部からの塵埃や水分が油タンクに直接入るのを防ぐためである。
イ	油圧ポンプは、エンジンによって駆動されている。
ウ	油圧ポンプの吐出ラインに設けているフィルタには、耐圧の高いフィルタエレメントを使用しなければならない。
エ	旋回モータ、アームシリンダ及び走行(左)モータ用の全てのコントロール弁が中央位置の場合、アンロード回路を構成している。
オ	コントロール弁は、二つともタンデム回路である。
カ	旋回モータのブレーキ弁は、カウンタバランス弁とリリーフ弁の二つの機能を備えている。
キ	ブレーキ弁は、この絞りを小さくするほど、ブレーキ機能を開始するタイミングが早くなる。
ク	それぞれのコントロール弁は、スプールの開度調整をすることによって、アクチュエータの速度制御ができる。
ケ	旋回モータとアームシリンダは、同じ油圧ポンプで駆動されるため、同時に動作させることができない。
コ	Ⓐのリリーフ弁は、各シリンダがストロークエンドのとき又は障害物に当たって動かないほどの反力を受けたとき、リリーフして油圧機器を保護する。

問題2

　下図は、ブローチ盤の油圧回路図である。この油圧回路図を読んで、（　A　）～（　J　）内に最も当てはまるものを【語群】又は油圧回路図中の記号①～⑯から一つずつ選び、解答欄に記号又は番号で答えなさい。ただし、同じ記号、同じ番号を重複して使用してはならない。なお、【ブローチシリンダの条件】は以下のとおりとする。

【ブローチシリンダの条件】

加工に必要な力　：　100 kN	
加工速度　：　10～15 m／min	
上昇速度　：　30 m／min	
シリンダのキャップ側面積（ ⓐ側 ）　：　200 cm²	

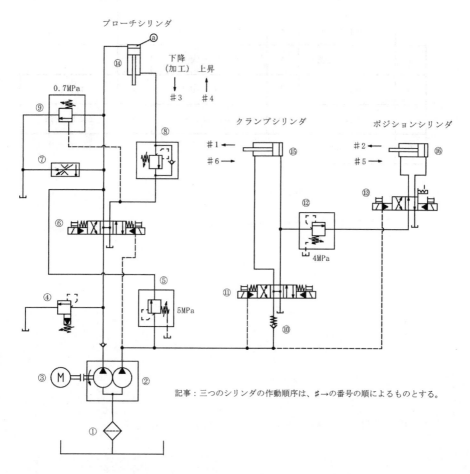

記事：三つのシリンダの作動順序は、♯→の番号の順によるものとする。

・ 加工に必要な圧力は、約（　A　）である。

・ 加工速度　10 m／min に対する所要流量は、約（　B　）である。

・ バルブ⑩の働きは、バルブ（　C　）、バルブ（　D　）及びバルブ（　E　）の（　F　）を保持する。

・ バルブ⑧の働きは、（　G　）である。

・ バルブ⑫の働きは、（　H　）である。

・ バルブ⑤は、ブローチシリンダが下降中であっても、クランプシリンダの（　I　）を保持する。

・ バルブ（　J　）は、ブローチシリンダの⒜側から排出される大量の油をタンクへ戻す補助をする。

【語群】

記号	語句	記号	語句	記号	語句
ア	メータアウト回路	イ	流量制御	ウ	最低パイロット圧力
エ	最低下降圧力	オ	最低クランプ圧力	カ	ドレン圧力
キ	メータイン回路	ク	シーケンス動作	ケ	ブリードオフ回路
コ	自重落下防止	サ	アンロード圧力	シ	10 MPa
ス	5 MPa	セ	2000 L／min	ソ	200 L／min
タ	20 L／min				

問題3

　下図は、車両に車椅子などの介護機器を載せるためのリフターの油圧回路図である。この油圧回路図中の①〜⑥に最も当てはまる油圧図記号を【図記号群】から一つずつ選び、解答欄に記号で答えなさい。ただし、同じ記号を重複して使用してはならない。なお、【条件】は以下のとおりとする。

【条件】

リフター上昇時は、モータを回転し、定容量形ポンプの油をシリンダに送ること。
リフター停止時は、リークによる落下を防ぐこと。
リフター下降時は、自重落下とし、スピードは重量の影響を受けないようにすること。
モータ故障時も、リフターが作動できるようにすること。
選択した油圧図記号の向きは、配管口 A、B と記載された以外は自由に変えられること。

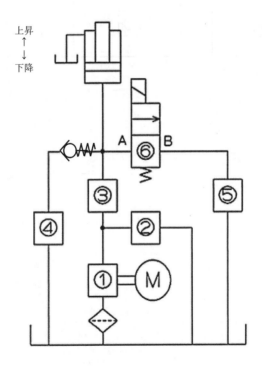

【図記号群】

記号	図記号	記号	図記号	記号	図記号
ア		イ		ウ	
エ		オ		カ	
キ		ク		ケ	
コ	A B	サ	A B	シ	A B

問題 4

下図のベーンポンプについて、次の各設問に答えなさい。

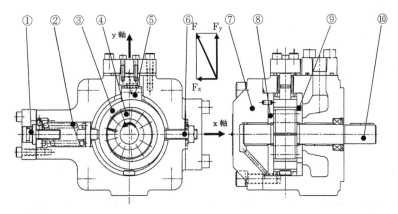

【設問 1】

（ A ）〜（ L ）内に最も当てはまる語句を【語群】から一つずつ選び、解答欄に記号で答えなさい。

・（ A ）に放射状に設けられた溝に挿入された（ B ）がカムリングに内接して回転することによって、（ C ）間の油を吸込み側から吐出し側に送り出す機構のものである。

・（ D ）と円形のカムリングとの（ E ）を変えることによって、（ F ）を調整できる。

・吸込みポートと吐出しポートが部品②の軸(x 軸)に対し、非対称に設けてある。

・負荷圧力が増加するとカムリング内壁に油圧力 F が作用する。この油圧力は分力 Fx、Fy に分かれる。分力（ G ）は⑤に吸収され、分力（ H ）は（ I ）の荷重と対抗しながら、カムリングを右端から左方向に移動する。カムリングと（ J ）の（ K ）が零のとき、吐出し量は零となり、この圧力がポンプの（ L ）となる。

【語群】

記号	語句	記号	語句	記号	語句
ア	回転数	イ	ベーン	ウ	カバー
エ	ピストン	オ	周波数	カ	ドレン量
キ	ボディ	ク	ロータ	ケ	ギヤ
コ	ばね	サ	シャフト	シ	剛性
ス	設定圧力	セ	押しのけ容積	ソ	偏心量
タ	Fx	チ	Fy		

【設問2】
図のベーンポンプの分類として正しいものを【語群】から一つ選び、解答欄に記号で答えなさい。

【語群】

記号	語句
ア	平衡形固定側板形
イ	平衡形可動側板形
ウ	非平衡形定容量形
エ	非平衡形可変容量形

【設問3】
次の各部品名称に該当するものを図中の部品番号①〜⑩から一つずつ選び、解答欄に番号で答えなさい。ただし、同じ番号を重複して使用してはならない。

・ シャフト(分離形)
・ ポートプレート
・ スラストブロック
・ ロータ

【設問4】
図中の部品番号⑥のねじをねじ込むと、下記 P-Q 特性線図はどのように変化するか。Ⓐ〜Ⓓから適切なものを一つ選び、解答欄に記号で答えなさい。

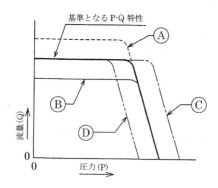

問題5

下記の油圧回路図について、次の各設問に答えなさい。なお、【条件】は以下のとおりとする。

【条件】

　各機器の図の尺度は、適宜なものにしてある。

　各機器の配管接続部は、簡略図示してある。

　機器Cは、内部パイロット・外部ドレン形である。

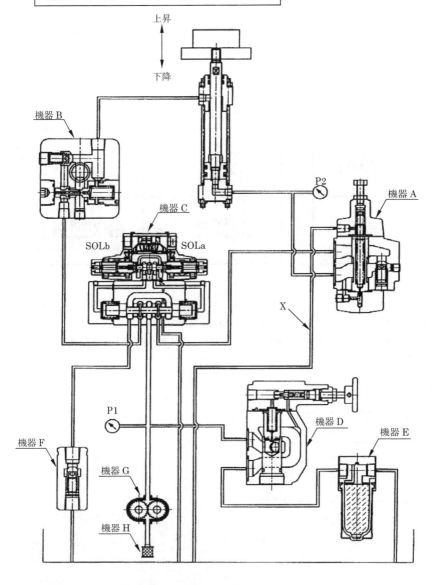

【設問1】
　図中の機器 A〜機器 F に最も当てはまる油圧図記号を【図記号群】から一つずつ選び、解答欄に記号で答えなさい。ただし、同じ記号を重複して使用してはならない。

【図記号群】

記号	図記号	記号	図記号	記号	図記号
ア	（図記号）	イ	（図記号）	ウ	（図記号）
エ	（図記号）	オ	（図記号）	カ	（図記号）
キ	（図記号）	ク	（図記号）	ケ	（図記号）
コ	（図記号）	サ	（図記号）	シ	（図記号）

【設問2】
　機器 C においてシリンダを下降させるためには、SOLa 又は SOLb のどちらのソレノイドを励磁させればよいか。最も適切なものを【語群】から一つ選び、解答欄に記号で答えなさい。ただし、ソレノイドを励磁させると、スプールを押す方向に動くものとする。

【語群】

記号	語句
ア	SOLa
イ	SOLb
ウ	どちらも励磁しない。

【設問3】

　この油圧回路において下記の\boxed{\text{I}}、\boxed{\text{II}}のような現象が生じた。各現象について、原因として考えられるものを【語群】から二つずつ選び、解答欄に記号で答えなさい。

　\boxed{\text{I}}　シリンダの上昇速度が遅い。

　\boxed{\text{II}}　シリンダを中間停止したとき、位置保持が悪い。

【語群】

記号	原　因
ア	機器 D の設定圧力が低い。
イ	機器 D の設定圧力が高い。
ウ	機器 B の設定流量が大きい。
エ	機器 A の設定圧力が低い。
オ	機器 A の設定圧力が高い。
カ	機器 A 内のチェック弁の漏れが大きい。
キ	油圧ポンプの容積効率が低下している。

【設問4】

　配管 X のドレン配管が閉塞(つまり)の状態にあるとき、この油圧回路で予想される現象を【語群】から一つ選び、解答欄に記号で答えなさい。

【語群】

記号	現　象
ア	シリンダが上昇も下降もしなくなる。
イ	シリンダが下降しなくなる。
ウ	シリンダが上昇しなくなる。

【設問5】

この装置において、機器 C が中央位置状態のとき、ポンプ付近から騒音が大きくなり始めた。発生要因として誤っているものを【語群】から一つ選び、解答欄に記号で答えなさい。

【語群】

記号	原　因
ア	機器 E が目詰まりを起こしている。
イ	機器 G の吸入管からエアを吸っている。
ウ	機器 H が目詰まりを起こしている。

令和元年度 技能検定

1級 油圧装置調整（油圧装置調整作業）

実技試験（製作等作業試験）問題

　次の注意事項及び仕様に従って、次頁の図(試験用心出し装置)のように、回転軸を持つブラケット 1 及びブラケット 2 をベース上に取付け、心出し作業を行いなさい。

1　試験時間

　標準時間　　1時間

　打切り時間　1時間20分

2　注意事項

（1）　支給された材料の寸法、数量等が「4　支給材料」のとおりであることを確認すること。

（2）　支給された材料に異常がある場合は、技能検定委員に申し出ること。

（3）　試験開始後は、原則として支給材料の再支給はされない。

（4）　使用工具等は、「使用工具等一覧表」で指定したもの以外は使用しないこと。

（5）　試験中は、工具等の貸し借りは禁止する。

（6）　作業時の服装等は、作業に適したもの(作業帽、安全靴着用)であること。また、安全靴を着用しない場合は受検できないこと。

（7）　標準時間を超えて作業を行った場合は、超過時間に応じて減点される。ただし、試験時間の計測は、「試験開始」の合図から、作業が終了した時点までとするので、その時点で技能検定委員に作業終了の意志表示をすること。

（8）　試験中は、携帯電話(電卓機能の使用を含む)等の使用は禁止とする。

（9）　**この問題には、事前に書込みをしないこと。また、試験中には、他の用紙にメモをしたものや参考書等を参照することは禁止とする。**

（10）　次の事項に該当した場合は、不合格又は失格となること。ただし、下記以外も不合格又は失格となる場合があること。

　　イ　作業が打切り時間以内に完了しないもの。

3 仕様

(1) 心出し精度は、ダイヤルゲージの読みが、軸先端から 5mm の位置で 0.1mm(偏心 0.05mm)及び軸先端から 35mm の位置で 0.25mm(偏心 0.125mm)以内の振れに調整すること。

(2) マグネットスタンドは、ブラケット 1 側の軸に取り付けて測定すること。

(3) ボルトの締付けトルクは、40N・m 以上とする。

(4) 調整に使用するシムは、最少枚数で行い、ブラケットからのシムのはみ出しがないこと。

(5) シムは、図のようなコの字状に切断して使用すること。ただし、切欠き部の大きさは、図のようにねじ穴より大きくすること。

(6) シムのかえり取りは、試験用心出し装置の上で行わないこと。

(7) 平座金を必ず使用すること。

試験用心出し装置

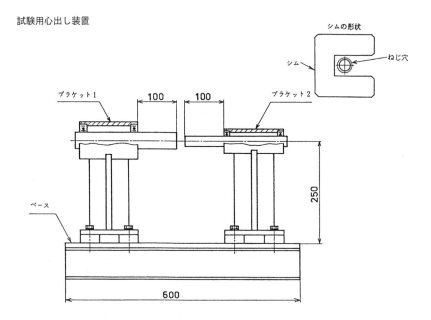

4 支給材料

試験用材料として下記のものが支給される。

品名	寸法又は規格	数量	備考
シム	幅約 60mm×長さ約 300mm 厚さ 0.05mm、0.1mm、0.2mm、0.3mm	各 1 枚	材質は、鉄、銅又は真ちゅうのもの

1級 油圧装置調整（油圧装置調整作業）実技試験使用工具等一覧表

1 受検者が持参するもの

	品名	寸法又は規格	数量	備考
測定具等	ダイヤルゲージ	目量 0.01mm	1	マグネットスタンド付き
	スケール	150mm	1	
	すきまゲージ		1組	
工具等	スパナ	M10 用(二面幅 17mm)	1	めがねレンチ又はモンキレンチでもよい
	金切りはさみ		1	シム切断用
	はさみ		1	
	プラスチックハンマ	450g(1 ポンド)程度	1	
	油といし		1	
	ウエス		若干	
	筆記用具		一式	
服装	作業服等		一式	帽子を含む
	安全靴	JIS T8101 若しくは JSAA 認定品又はその相当品も可	一式	

注 1) 受検者が持参するものは、上表に掲げるものに限る。

注 2) 安全の観点により、労働安全衛生規則第 558 条に準拠する。よって、受検条件として受検者は各自、安全靴を持参し、実技試験中は着用とする。

2 試験場に準備してあるもの

(数量欄の数字は、受検者 1 人当たりの数量を示す。)

品名	寸法又は規格	数量	備考
試験用心出し装置	P.2 に示すもの*	一式	
台	適宜	1	シムかえり取り用

＊本書では P.50

実技試験（計画立案等作業試験）問題について

1 試験実施日

令和 2 年 2 月 2 日(日)全国一斉に実施する。

2 試験時間

2 時間

3 問題の概要

油圧回路図の読図及び作成、油圧装置の運転調整及び故障発見並びに油圧機器の機能等について行う。

4 持参用具等

品名	寸法又は規格	数量	備考
筆記用具		一式	
電子式卓上計算機	電池式(太陽電池式含む)	1	関数電卓可(ただし、プログラム機能付きのものは不可)

注) 受検者が持参するものについては、上表に掲げるものに限る。

令和元年度 技能検定

1級 油圧装置調整（油圧装置調整作業）

実技試験（計画立案等作業試験）問題

1 試験時間

2時間

2 注意事項

（1） 係員の指示があるまで、この表紙はあけないでください。

（2） 解答用紙に、受検番号及び氏名を必ず記入してください。

（3） 係員の指示に従って、この試験問題が表紙を含めて13ページであることを確認してください。そ
れらに異常がある場合は、黙って手を挙げてください。

（4） 試験開始の合図で始めてください。

（5） 解答は、解答用紙の解答欄に記入してください。
なお、要求している解答以外は記入しないでください。

（6） 試験中は、携帯電話（電卓機能の使用を含む。）等の使用を禁止とします。

（7） 試験中、質問があるときは、黙って手を挙げてください。ただし、試験問題の内容、漢字の読み
方等に関する質問にはお答えできません。

（8） 試験終了時刻前に解答ができあがった場合は、黙って手を挙げて、係員の指示に従ってください。

（9） 試験中に手洗いに立ちたいときは、黙って手を挙げて、係員の指示に従ってください。

（10） 試験終了の合図があったら、筆記用具を置き、係員の指示に従ってください。

（11） 試験終了後、解答用紙を提出してください。

（12） 計算等は、問題用紙の余白又は裏面を使用して行ってください。

3 試験に使用できる用具等一覧

品　　名	寸法又は規格	数　量	備　　考
筆記用具		一式	
電子式卓上計算機	電池式（太陽電池式含む）	1	関数電卓可（ただし、プログラム機能付きのものは不可）

問題1

下図に示す昇降用油圧回路図について、次の各設問に答えなさい。

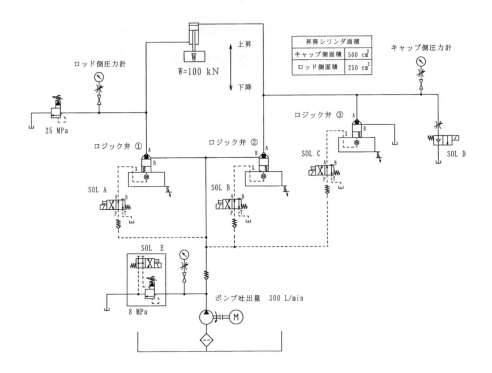

昇降シリンダ面積	
キャップ側面積	500 cm²
ロッド側面積	250 cm²

【設問1】

シリンダを最も速く上昇させるために励磁させるソレノイドとして適切なものを[語群]から3つ選び、解答欄に記号で答えなさい。

[語群]

記号	語句	記号	語句	記号	語句
ア	SOL A	イ	SOL B	ウ	SOL C
エ	SOL D	オ	SOL E		

【設問2】

シリンダ上昇時の最高速度[cm／s]を求めなさい。ただし、解答値に小数点以下の端数がある場合は、小数点第1位を四捨五入して整数値で答えること。

なお、機器からの漏れは無いものとする。

【設問3】

　シリンダ上昇時にキャップ側の背圧が 1 MPa の場合、ロッド側の圧力[MPa]を求めなさい。ただし、解答値に小数点以下の端数がある場合は、小数点第 1 位を四捨五入して整数値で答えること。

　なお、管路の圧力損失は無視する。

【設問4】

　シリンダを下降させるために励磁させるソレノイドとして適切なものを[語群]から三つ選び、解答欄に記号で答えなさい。

[語群]

記号	語句	記号	語句	記号	語句
ア	SOL A	イ	SOL B	ウ	SOL C
エ	SOL D	オ	SOL E		

【設問5】

　下降動作の制御回路として正しいものを[語群]から一つ選び、解答欄に記号で答えなさい。

[語群]

記号	語句	記号	語句	記号	語句
ア	フリップ−フロップ回路	イ	アンド回路	ウ	カウンタ回路
エ	差動回路	オ	オア回路		

【設問6】

　シリンダ下降時の最高速度[cm／s]を求めなさい。ただし、解答値に小数点以下の端数がある場合は、小数点第1位を四捨五入して整数値で答えること。

　なお、機器からの漏れは無いものとする。

【設問7】

　シリンダ下降時、最高速度の70%になるようにロジック弁②で調整した場合のキャップ側圧力[MPa]及びロッド側圧力[MPa]を求めなさい。ただし、解答値に小数点以下の端数がある場合は、小数点第1位を四捨五入して整数値で答えること。

　なお、ロジック弁①は全開とし、この圧力損失は無いものとし、その他、管路の圧力損失も無視する。

【設問8】

　シリンダ下降時、最高速度の70%になるようにロジック弁①で調整した場合のキャップ側圧力[MPa]及びロッド側圧力[MPa]を求めなさい。ただし、解答値に小数点以下の端数がある場合は、小数点第1位を四捨五入して整数値で答えること。

　なお、ロジック弁②は全開とし、この圧力損失は無いものとし、その他、管路の圧力損失も無視する。

問題2

　下図はブローチ盤の油圧回路図である。次の文中の(　　)内に当てはまるものについて、(　②　)、(　③　)及び、(　⑤　)~(　⑧　)は【語群】から、その他については油圧回路図の ⓐ ~ ⓙ から適切なものを一つずつ選び解答欄に記号で答えなさい。ただし、同一記号を重複して使用してはならない。

　なお、効率、損失等は計算において無視すること。

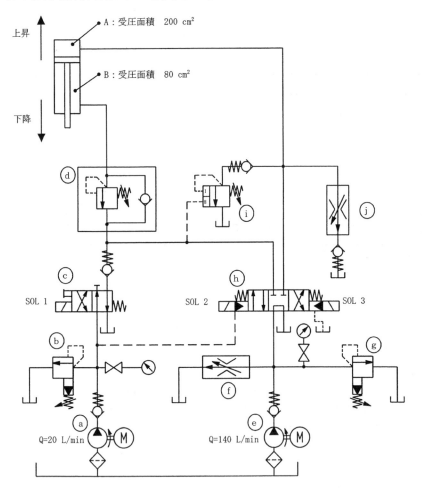

[表]　電磁弁動作表

	上昇	保持	下降
SOL1	ON	OFF	OFF
SOL2	ON	OFF	OFF
SOL3	OFF	OFF	ON

　シリンダの上昇速度は（　①　）で調整され、最大速度は（　②　）である。この時、シリンダの A 側より放出される流量は（　③　）となる。

　シリンダの下降速度は（　①　）及び（　④　）で調整され、上昇速度を最大にしたとき、下降の最大速度は（　⑤　）であり、この速度制御方式は（　⑥　）である。

　①は（　⑦　）と（　⑧　）の働きをしており、（　⑨　）を小口径化する目的で使用される。

【語群】

ア	6.5 m／min	イ	7.0 m／min	ウ	17.5 m／min
エ	20.0 m／min	オ	350 L／min	カ	400 L／min
キ	減圧弁	ク	安全弁	ケ	シーケンス弁
コ	アンロード弁	サ	カウンタバランス弁	シ	メータイン制御
ス	メータアウト制御	セ	ブリードオフ制御		

問題3

　下図は、ダイスポッティングプレスのメインシリンダ用回路図である。下記に示す要求仕様で正しく動作するように、次の各設問に答えなさい。

要求仕様
- 金型合わせのため、シリンダピストンの落下防止が必要である。
- インチング及び微速送り、送りの上昇・下降速度を同じにし、速度調整を容易にしなければならない。
- ポンプは可変容量形ピストンポンプを使用し、加圧時の圧力保持設定(圧力補償)は遠隔操作で行う。

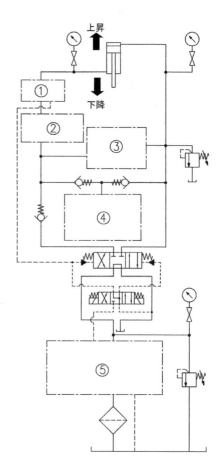

【設問1】　シリンダの停止位置を保持させるために①に入る図記号として最も適切なものを[図記号群]から一つ選び、解答欄に記号で答えなさい。

[図記号群]

記号	ア	イ	ウ	エ
図記号				

【設問 2】　【設問 1】に加え、二重に落下防止の処置がとられている。②に入る図記号として最も適切なものを[図記号群]から一つ選び、解答欄に記号で答えなさい。

[図記号群]

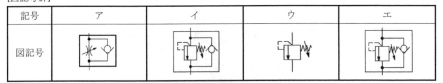

記号	ア	イ	ウ	エ
図記号				

【設問 3】　③で使用されるバルブとシリンダのキャップ側とロッド側の面積比を 2：1 に選定することにより、シリンダの上昇速度、下降速度を同じにすることができ、かつ、シリンダの下降動作で、半分の速度での送りが可能となる。③に入る図記号として最も適切なものを[図記号群]から一つ選び、解答欄に記号で答えなさい。

[図記号群]

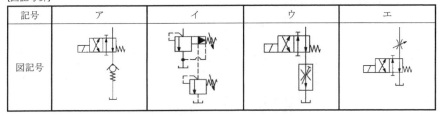

記号	ア	イ	ウ	エ
図記号				

【設問 4】　試し押しの微速送りへの切り換えを行い、さらに微速上昇、下降の速度調整を圧力補償付きで、シリンダの飛び出し現象を避けるためにブリードオフ回路で行う。④に入る図記号として最も適切なものを[図記号群]から一つ選び、解答欄に記号で答えなさい。

[図記号群]

記号	ア	イ	ウ	エ
図記号				

【設問 5】　⑤に入る図記号として最も適切なものを[図記号群]から一つ選び、解答欄に記号で答えなさい。

[図記号群]

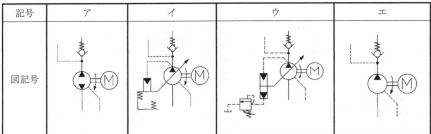

記号	ア	イ	ウ	エ
図記号				

問題 4

[図1]に示すリリーフ弁について、次の各設問に答えなさい。

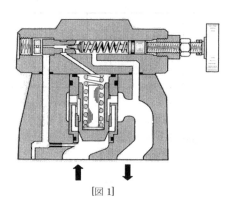

[図 1]

【設問 1 】

　[図 2]はリリーフ弁の静特性を示している。①〜⑥に当てはまる語句として最も適切なものを[語群]から一つずつ選び、解答欄に記号で答えなさい。ただし、同一記号を重複して使用してはならない。

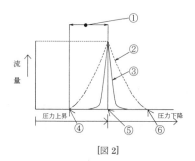

[図 2]

[語群]

記号	語句	記号	語句
ア	レシート圧力	イ	オーバライド圧力
ウ	パイロット作動形リリーフ弁特性	エ	直動形リリーフ弁特性
オ	クラッキング圧力	カ	アイドリング圧力
キ	チャージ圧力	ク	リリーフ弁設定圧力
ケ	吸込み圧力	コ	クッション圧力
サ	利用流量		

【設問2】

[図3]は、[図1]のリリーフ弁のパイロット部上部に、弁体の中央がオールポートブロックの電磁弁を搭載したものである。さらに、2つのリモートコントロールポートにそれぞれ小容量リリーフ弁を接続した状態を示す。以下の問に答えなさい。

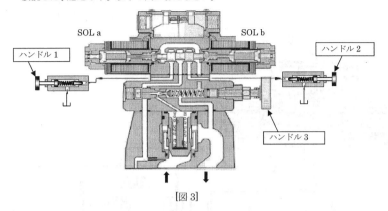

SOL a SOL b

ハンドル1 ハンドル2

ハンドル3

[図3]

問1　3つのハンドルによって圧力を3段階に調整したい。各ハンドルによる圧力設定と電磁弁の通電状態との関係において、次の文中の(①)～(③)に当てはまる語句として適切なものを[語群]から一つずつ選び、解答欄に記号で答えなさい。ただし、同一記号を重複して使用してはならない。
・ハンドル1による圧力設定時の動作は(①)。
・ハンドル2による圧力設定時の動作は(②)。
・ハンドル3による圧力設定時の動作は(③)。

[語群]

記号	語句
ア	SOL a を励磁する
イ	SOL b を励磁する
ウ	SOL a 及び SOL b どちらも励磁しない

問2　3つのハンドルを用いて最も高い圧力に設定する場合に使用するハンドルとして、正しいものを[語群]から一つ選び、解答欄に記号で答えなさい。

[語群]

記号	語句
ア	ハンドル1
イ	ハンドル2
ウ	ハンドル3

問題 5

下図に示す油圧回路図について、次の各設問に答えなさい。

> [注記]
> 1 各機器の図の尺度は、無視するものとする。
> 2 各機器の配管接続部は、簡略図示してある。

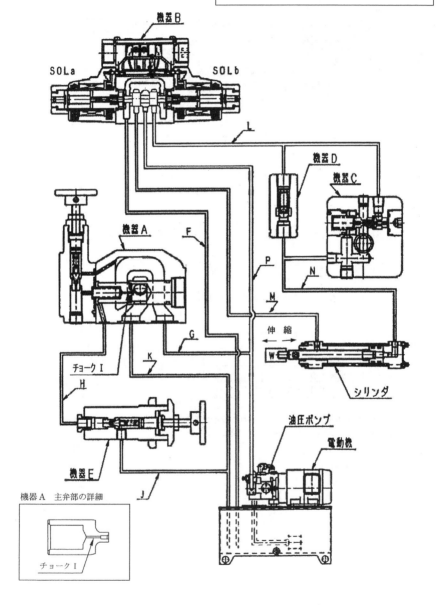

機器B

SOLa SOLb

L

機器D

機器C

機器A

F

P

N

M

伸縮

W

シリンダ

G

K

チョークI

H

油圧ポンプ

電動機

機器E

J

機器A 主弁部の詳細

チョークI

【設問1】

　機器 A～D の名称として最も適切なものを[語群]から一つずつ選び、解答欄に記号で答えなさい。ただし、同一記号を重複して使用してはならない。

[語群]

記号	語句	記号	語句
ア	直動形リリーフ弁	イ	パイロット作動形リリーフ弁
ウ	パイロット作動形減圧弁	エ	カウンタバランス弁
オ	パイロット形電磁弁	カ	電磁弁
キ	流量調整弁	ク	パイロット作動形チェック弁
ケ	インライン形チェック弁		

【設問2】

　次の文中の（　①　）～（　④　）に当てはまる語句として最も適切なものを[語群]から一つずつ選び、解答欄に記号で答えなさい。ただし、同一記号を重複して使用してはならない。

　この油圧回路図において配管の接続に誤りがある。誤っている配管は（　①　）、（　②　）である。配管を正しく接続した後、機器 B の SOLa を励磁すると、シリンダは（　③　）方向に動く。また、シリンダが伸びるときには、（　④　）制御回路にて速度制御をしている。

[語群]

記号	語句	記号	語句	記号	語句
ア	配管 F	イ	配管 G	ウ	配管 H
エ	配管 J	オ	配管 K	カ	配管 L
キ	配管 M	ク	配管 N	ケ	配管 P
コ	伸びる	サ	縮む	シ	ブリードオフ
ス	メータイン	セ	メータアウト		

以降の設問については、配管を正しく接続してあるものとして、解答しなさい。

【設問3】
　　機器 A～E に当てはまる図記号として最も適切なものを[図記号群]から一つずつ選び、解答欄に記号で答えなさい。ただし、同一記号を重複して使用してはならない。

[図記号群]

記号	図記号	記号	図記号	記号	図記号
ア		イ		ウ	
エ		オ		カ	
キ		ク		ケ	

【設問4】
　　機器 E のハンドルを全閉にしても所定の圧力に達しなかった。その原因として誤っているものを[語群]から一つ選び、解答欄に記号で答えなさい。

[語群]

記号	語句
ア	機器Aのパイロット弁のシート部にごみをかみこんでいた。
イ	機器Aの主弁がボディに固着して着座していなかった。
ウ	機器Aのベント配管にごみが詰まっていた。
エ	機器Eの主弁のシート部にごみをかみこんでいた。

【設問 5】

　この油圧装置でシリンダを伸び方向に動かしたとき、速度が計画値より遅かった。その原因として誤っているものを[語群]から一つ選び、解答欄に記号で答えなさい。

　[語群]

記号	語句
ア	機器 B の内部漏れが増大していた。
イ	機器 C の圧力補償スプールが閉状態で固着していた。
ウ	機器 C の可変絞りの開度が小さかった。
エ	機器 D のポペットにごみをかみこんでいた。

【設問 6】

　チョーク I がごみ等で詰まった場合の現象として、正しいものを[語群]から一つ選び、解答欄に記号で答えなさい。

　[語群]

記号	語句
ア	シリンダの速度が所定値より速くなる。
イ	圧力が上昇せずアンロード状態になる。
ウ	シリンダがスティックスリップする。
エ	ピーという高い音色の異常音が発生する。

【設問 7】

　この油圧装置で油圧ポンプから大きな騒音が発生した。その原因として誤っているものを[語群]から一つ選び、解答欄に記号で答えなさい。

　[語群]

記号	語句
ア	吸入管の気密不良により空気を吸っている。
イ	サクションフィルタの容量が不足している。
ウ	作動油の粘度が高すぎる。
エ	吸入管が太すぎる。

平成 30 年度 技能検定

1 級 油圧装置調整（油圧装置調整作業）

実技試験（計画立案等作業試験）問題

1 試験時間

2 時間

2 注意事項

（1） 係員の指示があるまで、この表紙はあけないでください。

（2） 解答用紙に、受検番号及び氏名を必ず記入してください。

（3） 係員の指示に従って、この試験問題が表紙を含めて 11 ページであることを確認してください。そ
れらに異常がある場合は、黙って手を挙げてください。

（4） 試験開始の合図で始めてください。

（5） 解答は、解答用紙の解答欄に記入してください。
なお、要求している解答以外は記入しないでください。

（6） 試験中は、携帯電話（電卓機能の使用を含む。）等の使用を禁止とします。

（7） 試験中、質問があるときは、黙って手を挙げてください。ただし、試験問題の内容、漢字の読み
方等に関する質問にはお答えできません。

（8） 試験終了時刻前に解答ができあがった場合は、黙って手を挙げて、係員の指示に従ってください。

（9） 試験中に手洗いに立ちたいときは、黙って手を挙げて、係員の指示に従ってください。

（10） 試験終了の合図があったら、筆記用具を置き、係員の指示に従ってください。

（11） 試験終了後、解答用紙を提出してください。

（12） 計算等は、問題用紙の余白又は裏面を使用して行ってください。

3 試験に使用できる用具等一覧

品　　名	寸法又は規格	数　量	備　　考
筆記用具		一式	
電子式卓上計算機	電池式（太陽電池式含む）	1	関数電卓可（ただし、プログラム機能付きのものは不可）

問題 1

　下図の遊戯機械(魔法のじゅうたん)の油圧回路を読んで【設問 1】～【設問 3】の(①)～(⑮)
内に当てはまる最も適切な語句を【語群】から一つずつ選び、解答欄に記号で答えなさい。ただし、
同じ記号を重複して使用してはならない。

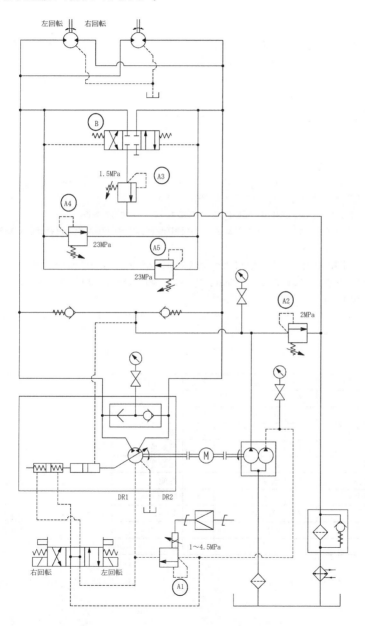

【設問1】　遊戯機械の設計上のポイント
- （　①　）を第一優先とする。
- 加減速の変化を体感させる機械であり、この（　②　）制御をスムーズに行う。
- 省エネルギーの回路とし、油タンク容量の（　③　）閉回路小形ユニットとする。

【設問2】　油圧閉回路の特徴
- 閉回路では、一般の油圧開回路で見られる（　④　）用のバルブがなく、また、油圧ポンプは可変容量形ポンプのため、定容量形ポンプのときのようにリリーフ弁や圧力補償弁等から（　⑤　）をブリードオフすることがなく、油圧回路効率が良い。
- 電動機の回生制動による（　④　）
  誘導電動機は（　⑥　）を受け、同期速度以上に加速されると、（　⑦　）を発生し、この力により、（　⑥　）に対しても暴走せず、（　②　）制御が可能となる。

【設問3】　油圧閉回路の注意事項
- 油圧閉回路用ポンプは両回転が可能であるが、吸い込みポートに約（　⑧　）MPa のブースト圧力が必要で、圧力制御弁（　⑨　）でこれを確保している。
- ブースト油量は、主ポンプ吐出し量の（　⑩　）%にするのが一般的である。
- ブーストポンプは、ブースト圧力の確保と共に油圧閉回路内の作動油を入れ換え、作動油の（　⑪　）と（　⑫　）を行う。
- 閉回路内の作動油が十分に入れ換わるようにするには、配管レイアウトに注意が必要である。ブーストポンプの吐出し口を主ポンプの（　⑬　）に、油圧モータの戻り口をフラッシング弁（　⑭　）の（　⑬　）に配置する。
- ポンプケーシングの（　⑮　）を抑えるために、ドレンポート DR1 、DR2 を利用し、主ポンプケーシング内の作動油を循環させている。

【語群】

記号	語句	記号	語句	記号	語句
ア	多い	イ	少ない	ウ	速度
エ	方向	オ	正トルク	カ	負トルク
キ	余剰油量	ク	必要油量	ケ	遠く
コ	近く	サ	正負荷	シ	負負荷
ス	冷却	セ	温度上昇	ソ	圧力変化
タ	臨場感	チ	安全性	ツ	性能
テ	清浄化	ト	自走防止	ナ	5
ニ	0.8	ヌ	30〜40	ネ	10〜20
ノ	A1	ハ	A2	ヒ	A3
フ	A4	ヘ	A5	ホ	B

問題2

下図に示す板金プレスの油圧回路図について、次の各設問に答えなさい。

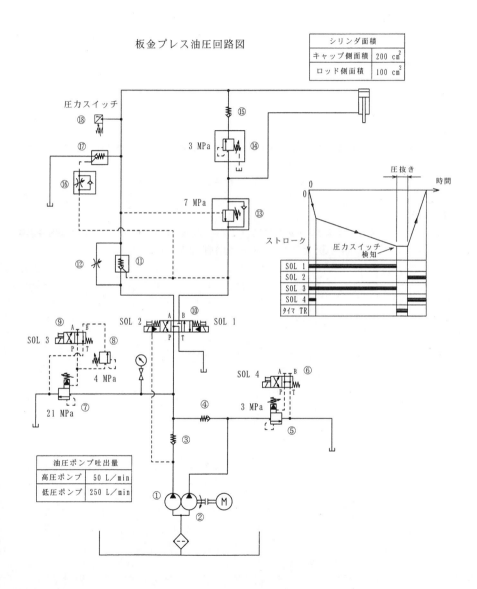

板金プレス油圧回路図

シリンダ面積	
キャップ側面積	200 cm^2
ロッド側面積	100 cm^2

油圧ポンプ吐出量	
高圧ポンプ	50 L／min
低圧ポンプ	250 L／min

【設問 1】

プレス作業の下降動作において、差動回路による高速下降速度として適正なものを【語群】から一つ選び、解答欄に記号で答えなさい。

【語群】

記号	高速下降速度
ア	2.5 m／min
イ	5　m／min
ウ	15　m／min
エ	30　m／min

【設問 2】

当初予定していた計画値よりもプレス作業の下降動作が大幅に遅れていたため原因を調べたところ、差動回路による高速下降速度のみが遅かった。この場合、油圧回路において、設定圧力の調整を必要とする箇所を油圧回路図中の①～⑱から二つ選び、解答欄に番号で答えなさい。

【設問 3】

シリンダの戻し動作で大きなショックが発生する場合、圧抜き時間調整用タイマの他に調整を必要とする箇所を油圧回路図中の①～⑱から一つ選び、解答欄に番号で答えなさい。

問題3

下図に示す油圧回路図について、この油圧回路図中の①〜⑦に最も当てはまる油圧図記号を【図記号群】から一つずつ選び、解答欄に記号で答えなさい。ただし、④は速度調整弁を入れること。また、同じ記号を、重複して使用してはならない。なお、【条件】は以下のとおりである。

【条件】

1. 油圧ポンプ
   可変容量形ポンプの設定圧力は、5MPa とする。
   可変容量形ポンプの圧力調整は、容易に行える。
2. シリンダ A 部
   シリンダの耐圧は、7MPa とする。
   キャップ側とロッド側の受圧面積比は、2：1 とする。
   シリンダ取付け方向は、上下方向とする。
   上昇、下降別々に速度調整が可能とする。
   シリンダ B との同時動作はない。
3. シリンダ B 部
   シリンダの耐圧は、7MPa とする。
   キャップ側とロッド側の受圧面積比は、1.3：1 とする。
   シリンダ取付け方向は、水平方向とする。
   シリンダの停止は、電磁切換弁で行う。
   シリンダ前進時のみ、キャップ側の圧力をポンプ圧力よりも低い圧力に調整する。
   前進、後退の速度調整は、別々に調整可能であり、メータアウト制御とする。

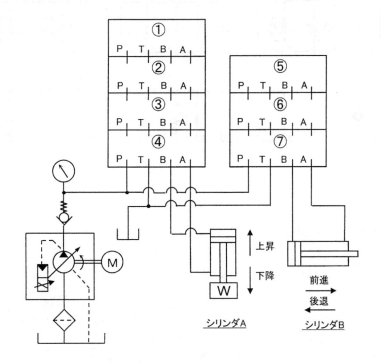

【図記号群】

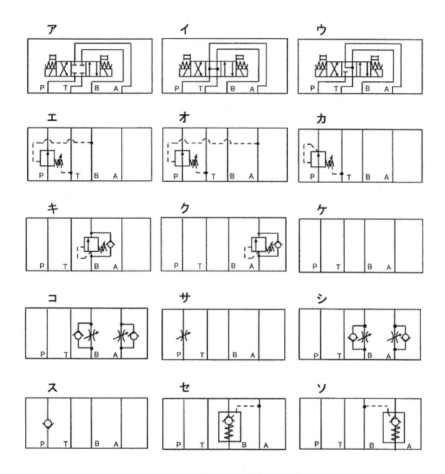

問題4

　下図に示すギヤポンプについて、次の各設問に答えなさい。

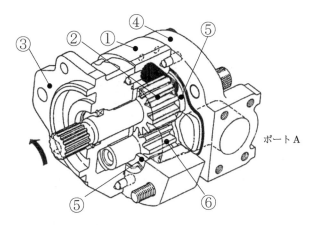

【設問1】

　一般的なギヤポンプの特徴として最も適切なものを【語群】から一つ選び、解答欄に記号で答えなさい。

【語群】

記号	ギヤポンプの特徴
ア	ギヤポンプはベーンポンプやピストンポンプに比較し部品点数が多く、構造が複雑で過酷な運転条件に耐えることができる。
イ	ギヤポンプは構造上、可変機構が容易にでき、産業機械、建設機械などあらゆる分野に用いられる。
ウ	内接形ギヤポンプは、一般に、圧力脈動率が外接形に比べて大きい。
エ	固定側板形の外接形ギヤポンプでは、一般に、最高使用圧力の限界は 7〜10MPa 程度である。

【設問2】

　ギヤポンプを構成する部品番号①〜⑥の名称を【語群 1】から、その材質として最も適切なものを【語群 2】からそれぞれ一つずつ選び、解答欄に記号で答えなさい。ただし、【語群 2】については、記号を重複使用してもよい。

【語群 1】

記号	名称	記号	名称	記号	名称	記号	名称
a	ドリブンギヤ	b	ドライブギヤ	c	ボデー	d	サイドプレート
e	オイルシール	f	カバー	g	マウンティング		

【語群 2】

記号	材質	記号	材質	記号	材質	記号	材質
ア	アルミニウム合金	イ	浸炭鋼	ウ	合成ゴム	エ	銅合金

【設問3】

ギヤポンプの部品⑤の機能として、適切なものを【語群】から一つ選び、解答欄に記号で答えなさい。

【語群】

記号	ギヤポンプの部品の機能
ア	歯車の動きをよくする。
イ	歯車からの油漏れを少なくし、ポンプの容積効率を上げる。
ウ	ごみの混入を防ぐ。

【設問4】

ギヤポンプの入力軸を図の矢印方向に回転させたときのポート A について、適切なものを【語群】から一つ選び、解答欄に記号で答えなさい。

【語群】

記号	ポート A の状態
a	吸込側のポートになる。
b	吐出側のポートになる。

【設問5】

ギヤポンプには一般にドレン配管が必要か不必要か、【語群】から一つ選び、解答欄に記号で答えなさい。

【語群】

記号	ドレン配管必要の有無
a	必要
b	不必要

【設問6】

ギヤポンプの容積効率に関する記述として、最も適切なものを【語群】から一つ選び、解答欄に記号で答えなさい。

【語群】

記号	ポンプの容積効率
ア	隙間(歯先部等)が大きいほど、容積効率は高くなる。
イ	圧力が高いほど、容積効率は高くなる。
ウ	回転速度が高くなるほど、容積効率は低くなる。
エ	油温が高くなるほど、容積効率は低くなる。

【設問7】

外接形ギヤポンプに作用する軸荷重Fpは「 Fp≒0.8pbd 」で近似的に表すことができる。次の文中の（ ① ）～（ ③ ）に当てはまる語句を【語群】から一つずつ選び、解答欄に記号で答えなさい。ただし、同じ記号を重複して使用してもよい。また、p：圧力、b：ギヤ幅（歯幅）、d：ギヤ外径とする。

ギヤポンプで押しのけ容積と圧力が与えられた場合、(b／d)が（ ① ）なるほど軸受荷重が大きくなるが全効率が若干（ ② ）なるので、軸受け寿命の許す範囲において(b／d)を（ ③ ）することが多い。

【語群】

記号	語句
ア	大きく
イ	小さく
ウ	高く
エ	低く

【設問8】

ギヤポンプの効率について、適切なものを【語群】から一つ選び、解答欄に記号で答えなさい。

【語群】

記号	ギヤポンプの効率
ア	容積効率、トルク効率及び全効率で表され、三者とも関連性はない。
イ	容積効率、トルク効率及び全効率で表され、全効率は容積効率とトルク効率の積で表される。
ウ	容積効率、トルク効率及び全効率で表され、全効率は容積効率とトルク効率の和で表される。

問題 5

下表は、日本工業規格(JIS)の「機械類の安全性－機械の電気装置－第1部：一般要求事項」における、表示灯の色が意味する機械の状態を示している。表中の①〜⑩に当てはまる最も適切な語句を【語群】から一つずつ選び、解答欄に記号で答えなさい。ただし、同じ記号を重複して使用してはならない。

表－表示灯の色が意味する機械の状態

色	意味	説明（機械の状態）	オペレータに求める行動
（ ① ）	（ ⑥ ）	危険状態	危険状態への即時対応 （例えば、機械電源のスイッチングオフ、危険状態を警戒して機械を離れる。）
（ ② ）	（ ⑦ ）	異常状態 危険が差し迫った状態	監視及び／又は介入 （例えば、意図した機能を再実行する。）
（ ③ ）	（ ⑧ ）	オペレータの行動を必要とする状態	必須の行動
（ ④ ）	正常	正常状態	（ ⑨ ）
（ ⑤ ）	中立	その他の状態。（ ① ）、（ ② ）、（ ③ ）、（ ④ ）の使用に疑問がある場合。	（ ⑩ ）

【語群】

記号	語句	記号	語句	記号	語句	記号	語句	記号	語句
ア	青	イ	白	ウ	赤	エ	黄	オ	緑
カ	異常	キ	非常	ク	強制	ケ	監視	コ	任意

平成 29 年度 技能検定

1 級 油圧装置調整（油圧装置調整作業）

実技試験（計画立案等作業試験）問題

1 試験時間

2 時間

2 注意事項

（1） 係員の指示があるまで、この表紙はあけないでください。

（2） 解答用紙に、受検番号及び氏名を必ず記入してください。

（3） 係員の指示に従って、この試験問題が表紙を含めて14ページであることを確認してください。それらに異常がある場合は、黙って手を挙げてください。

（4） 試験開始の合図で始めてください。

（5） 解答は、解答用紙の解答欄に記入してください。

なお、要求している解答以外は記入しないでください。

（6） 試験中は、携帯電話（電卓機能の使用を含む。）等の使用を禁止とします。

（7） 試験中、質問があるときは、黙って手を挙げてください。ただし、試験問題の内容、漢字の読み方等に関する質問にはお答えできません。

（8） 試験終了時刻前に解答ができあがった場合は、黙って手を挙げて、係員の指示に従ってください。

（9） 試験中に手洗いに立ちたいときは、黙って手を挙げて、係員の指示に従ってください。

（10） 試験終了の合図があったら、筆記用具を置き、係員の指示に従ってください。

（11） 試験終了後、解答用紙を提出してください。

（12） 計算等は、問題用紙の余白又は裏面を使用して行ってください。

3 試験に使用できる用具等一覧

品　　名	寸法又は規格	数　量	備　　考
筆記用具		一式	
電子式卓上計算機	電池式(太陽電池式含む)	1	関数電卓可(ただし、プログラム機能付きのものは不可)

問題1

　下図は、圧延機の冷間油圧圧下装置の油圧回路図である。この油圧回路図を読んで、（　①　）～
（　⑩　）内に最も当てはまるものを【語群】から一つずつ選び、解答欄に記号で答えなさい。ただし、
同じ記号を重複して使用してはならない。

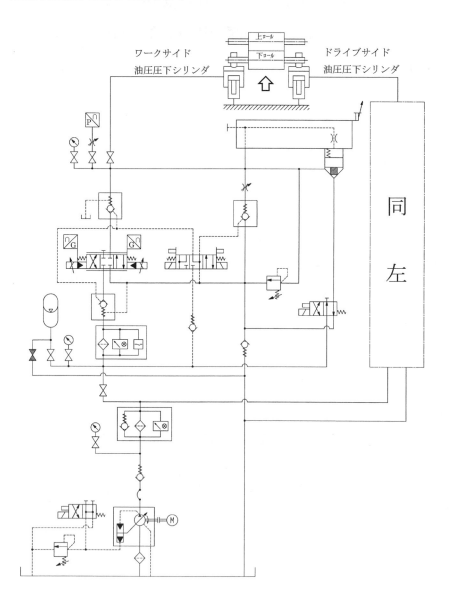

〔油圧回路について〕

・ 圧延材の圧延精度の要求が高まり、油圧圧下制御は（　①　）が採用される。（　①　）は（　②　）に比較して油圧回路効率は劣るが、応答性が優れているためである。

・ この油圧回路では、サーボ弁と（　③　）によって、油圧圧下シリンダの圧力フィードバック制御を行っている。

〔仕様の計算について〕

・ 油圧圧下制御の概略仕様は、以下のとおりである。ただし、円周率は 3.14 とする。

> 油圧圧下シリンダサイズ　：　ϕ630×290st(mm)×2 本
> 油圧圧下力 F（ワークサイドとドライブサイドの合算値）　：　12,740kN
> 油圧圧下時のシリンダ速度 V　：　3.5mm／s
> シリンダ面積 A(1 本当たり)　：　（　④　）cm²
> シリンダ所要圧力 P　：　（　⑤　）MPa
> シリンダ圧下時の所要流量 Q（シリンダ 2 本分）　：　（　⑥　）L／min

〔油圧ポンプについて〕

・ 油圧ポンプは（　⑦　）ポンプを使用している。この場合、ポンプ傾転角制御の応答遅れを補償するために、サーボ弁の手前に（　⑧　）を設けている。

・ 油圧圧下制御で使用するサーボ弁は、一般的に（　⑨　）スプールであり、フィードバック制御を行っていないときは、油路を完全に遮断することができない。この圧延機の場合では、油路を遮断するために、（　⑩　）を設けロッキング回路を構成している。

【語群】

記号	語句	記号	語句	記号	語句
ア	定容量形	イ	可変容量形	ウ	流量センサ
エ	圧力センサ	オ	パイロット操作チェック弁	カ	リリーフ弁
キ	ゼロラップ	ク	オーバーラップ	ケ	アキュムレータ
コ	ポンプ制御	サ	バルブ制御	シ	高圧フィルタ
ス	2817	セ	3116	ソ	3517
タ	130.9	チ	65.4	ツ	10.7
テ	20.4	ト	40.8	ナ	204.4

問題 2

下図の油圧回路図を読んで、(①)〜(⑨)内に最も当てはまるものを【語群】から一つずつ選び、解答欄に記号で答えなさい。

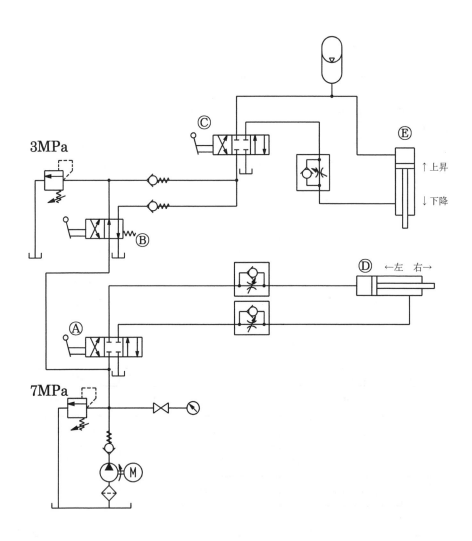

この油圧回路図において、まず（　①　）を用いて圧油をシリンダⒹのキャップ側に導き、そのピストンが右端に達したら、バルブⒶを（　②　）に戻す。バルブⒶが（　②　）にあると、バルブのポートは（　③　）される。そこで、圧油は（　④　）を通ってバルブⒸへ導かれる。

今、シリンダⒺのキャップ側へ圧油が流れるようにバルブⒸを操作すれば、シリンダⒺのピストンは（　⑤　）する。さらに、バルブⒷを操作して、リリーフ弁の設定圧（　⑥　）MPa でシリンダⒺを押すと同時に（　⑦　）にも蓄油する。

次にバルブⒸを（　⑧　）に、バルブⒷをノーマル位置に戻せば、ポンプの吐出し油は、リリーフ弁の設定圧（　⑨　）MPa で油タンクへ戻される。その間シリンダⒺ内のキャップ側の圧力は（　⑦　）の圧力で保持される。

【語群】

記号	語句	記号	語句	記号	語句
ア	3ポート4位置 方向制御弁	イ	4ポート3位置 方向制御弁	ウ	4ポート2位置 方向制御弁
エ	ガス容器	オ	アキュムレータ	カ	左端位置
キ	中央位置	ク	右端位置	ケ	4
コ	3	サ	7	シ	停止
ス	下降	セ	上昇	ソ	オープン
タ	バイパス	チ	ブロック		

問題 3

　下図は、AC サーボモータで駆動する閉回路方式の油圧回路図である。この油圧回路図中の①〜⑤に最も当てはまる油圧図記号を【図記号群】から一つずつ選び、解答欄に記号で答えなさい。ただし、同じ記号を重複して使用してはならない。なお、【条件】は以下のとおりとする。

【条件】

シリンダサイズ ：	$\phi 125 \times \phi 70 \times 200$st (mm)
前進速度 ：	100mm／s
後退速度 ：	100mm／s
シリンダ所要推力 ：	前進時、後退時ともに 140kN とする。
AC サーボモータ回転数 ：	最高 1800min^{-1} 以下とする。
ポンプ効率 ：	100%

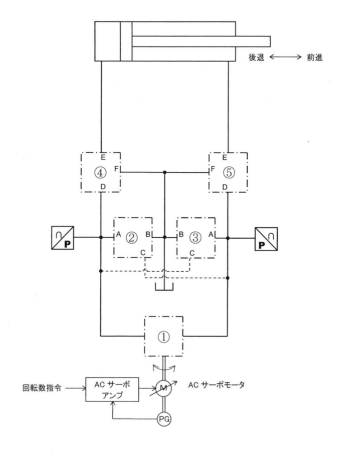

【図記号群】

記号	図記号	記号	図記号	記号	図記号
ア	押しのけ容積 18cm³	イ	押しのけ容積 28cm³	ウ	押しのけ容積 45cm³
エ	23.1L/min → A　　B C	オ	50.5L/min → A　　B C	カ	73.6L/min → A　　B C
キ	23.1L/min ← A　　B C	ク	50.5L/min ← A　　B C	ケ	73.6L/min ← A　　B C
コ	E F 設定圧力 D　　7MPa	サ	E F 設定圧力 D　　14MPa	シ	E F 設定圧力 D　　21MPa

問題4

下図の【図1:油圧ポンプ】及び【図2:図記号】について、次の各設問に答えなさい。

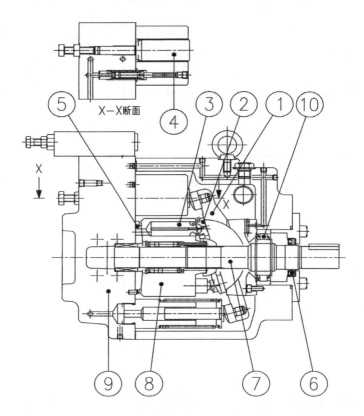

【図1:油圧ポンプ】

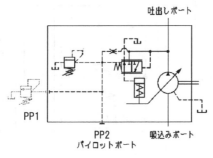

【図2:図記号】

【設問1】

この油圧ポンプの分類として正しいものを【語群】から一つ選び、解答欄に記号で答えなさい。

【語群】

記号	語句
ア	レシプロ形アキシャルピストンポンプ
イ	斜軸式可変容量形アキシャルピストンポンプ
ウ	斜軸式定容量形アキシャルピストンポンプ
エ	斜板式定容量形ラジアルピストンポンプ
オ	斜軸式可変容量形ラジアルピストンポンプ
カ	斜板式可変容量形ラジアルピストンポンプ
キ	斜板式可変容量形アキシャルピストンポンプ
ク	偏心形ラジアルピストンポンプ

【設問2】

【図1：油圧ポンプ】の部品番号①～⑩に最も当てはまる部品名称を【語群】から一つずつ選び、解答欄に記号で答えなさい。ただし、同じ記号を重複して使用してはならない。

【語群】

記号	語句	記号	語句	記号	語句
ア	ベアリング	イ	オイルシール	ウ	シリンダブロック
エ	バルブプレート	オ	コントロールピストン	カ	シュー
キ	ポートブロック	ク	リテーナガイド	ケ	ケーシング
コ	ピストン	サ	スラストスクリュウ	シ	スワッシュプレート
ス	サイドプレート	セ	シャフト	ソ	コンロッド

【設問3】

【図2：図記号】の制御方式の説明として最も適切なものを【語群】から一つ選び、解答欄に記号で答えなさい。

【語群】

記号	説　　明
ア	油圧ポンプの自己吐出し圧力の上昇に従って、油圧ポンプの傾斜角を自動的に減少させ、トルクを一定に制御するトルク一定制御である。
イ	アンロード機能を付加し、油圧ポンプ出力不要時に損失エネルギーを極小にするアンロード付プレッシャコンペンセータ制御である。
ウ	あらかじめ設定した圧力に吐出し圧力が近づくと、流量が自動的に減少し、圧力は保持される。この圧力は外部パイロット圧力によって調整できるが、このような制御は、プレッシャコンペンセータ外部パイロット圧力制御である。
エ	設定された吐出し量、圧力に従って、自動的に負荷圧力に対する流量を制御する馬力一定制御である。

【設問4】

（　　）内に最も当てはまるものを【語群】から一つ選び、解答欄に記号で答えなさい。

油圧ポンプの吐出し量は、斜板の傾斜角を θ とすると、（　　）する。

【語群】

記号	語句
ア	$\tan\theta$ に比例
イ	$\cos\theta$ に比例
ウ	$\sin\theta$ に反比例
エ	$\tan\theta$ に反比例

【設問5】

【図1：油圧ポンプ】に関する説明として適切なものを【語群】から二つ選び、解答欄に記号で答えなさい。

【語群】

記号	説　明
ア	部品②③の数は偶数にした方が良く、脈動率を低くすることができ、通常、斜軸式では8本、斜板式では10本の製品が多い。
イ	部品②③には、特有のラジアル力が発生する。この力は高圧になると増大する。
ウ	この油圧ポンプは圧力平衡形のため、部品⑦にはラジアル力は発生しない。
エ	部品②③のストローク量は、斜板の傾斜角を小さくすることによって大きくなる。
オ	部品⑥のリップ部が接触する相手面の表面性状は、Ra12.5にする必要がある。
カ	部品③と⑧との直径クリアランス(隙間)は、10〜25μmが適切である。

【設問6】

【図1：油圧ポンプ】の部品③の材料として一般的なものを【語群】から一つ選び、解答欄に記号で答えなさい。

【語群】

記号	材料記号
ア	SS
イ	SCM
ウ	SWRH
エ	FC

問題5

　下図は、シリンダが前進中にリミットスイッチに接触して後退動作に切り換わり、後退動作中に機器©が切り換わるとシリンダが自動的に停止する油圧回路を示している。この油圧回路図を読んで、次の各設問に答えなさい。ただし、機器®の最低作動圧力は0.5MPa、機器®の最低パイロット圧力は0.8MPaとする。

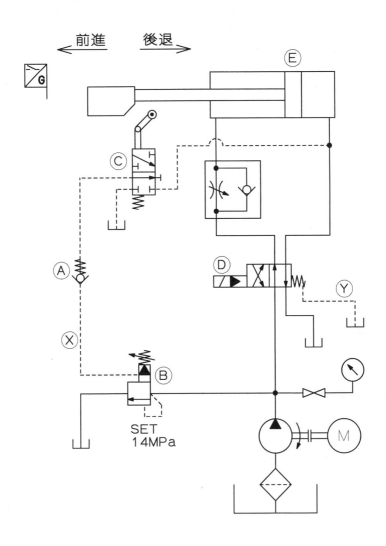

【設問1】

　機器Ⓐ～機器Ⓔ、管路Ⓧ及び管路Ⓨの一般的な名称を【語群】から一つずつ選び、解答欄に記号で答えなさい。ただし、同じ記号を重複して使用してはならない。

【語群】

記号	語句	記号	語句
ア	電磁パイロット切換弁	イ	ローラレバー操作切換弁
ウ	パイロット切換弁	エ	直動電磁切換弁
オ	シャトル弁	カ	チェック弁
キ	アンロード弁	ク	アンロードリリーフ弁
ケ	リリーフ弁	コ	単動形シリンダ
サ	複動形シリンダ	シ	ベント管路
ス	ドレン管路	セ	パイロット管路
ソ	主管路		

【設問2】

　シリンダが後退動作中で自動的に停止せず、後退限で止まるようになった。その不具合の原因を発見するための点検内容として誤っているものを【語群】から一つ選び、解答欄に記号で答えなさい。

【語群】

記号	点検内容
ア	機器Ⓑの回路の詰まりを点検する。
イ	機器Ⓒのスプール切換動作を点検する。
ウ	機器Ⓒの接続配管の緩みを点検する。
エ	機器Ⓐのポペットの噛み込みを点検する。

【設問3】

　油圧装置の修理で機器Ⓐを交換することになった。交換する機器Ⓐとして最も適切なものを【語群】から一つ選び、解答欄に記号で答えなさい。

【語群】

記号	語　句
ア	クラッキング圧力が0MPaのもの
イ	クラッキング圧力が0.05MPaのもの
ウ	クラッキング圧力が0.5MPaのもの
エ	管路抵抗を小さくするためにポペットが取り外されたもの

【設問4】

　油圧装置の修理後、自動停止中のポンプ運転圧力が以前よりも高くなり、タンク油温が上昇している。タンク油温が上昇する理由として最も適切なものを【語群】から一つ選び、解答欄に記号で答えなさい。

【語群】

記号	理　由
ア	機器Ⓑの設定圧力が13MPaであった。
イ	機器Ⓑの設定圧力が15MPaであった。
ウ	交換した機器Ⓐのクラッキング圧力が1MPaであった。
エ	交換した機器Ⓐのスプリングを入れ忘れてしまった。

油圧装置調整

学科試験問題

令和元年度 技能検定

2級 油圧装置調整 学科試験問題
（油圧装置調整作業）

1. 試験時間　1時間40分
2. 問題数　　50題(A群25題、B群25題)
3. 注意事項
   (1)　係員の指示があるまで、この表紙はあけないでください。
   (2)　答案用紙(真偽法と多肢択一法の併用)に検定職種名、作業名、級別、受検番号、氏名を必ず記入してください。
   (3)　係員の指示に従って、問題数を確かめてください。それらに異常がある場合は、黙って手を挙げてください。問題はA群(真偽法)とB群(多肢択一法)とに分かれています。
   (4)　試験開始の合図で始めてください。
   (5)　解答の方法(真偽法と多肢択一法の併用)は次のとおりです。
   　　イ．　A群の問題(真偽法)は、一つ一つの問題の内容が正しいか、誤っているかを判断して解答してください。
   　　ロ．　B群の問題(多肢択一法)は、正解と思うものを一つだけ選んで、解答してください。二つ以上に解答した場合は誤答となります。
   　　ハ．　答案用紙(マークシート用紙)へ解答する際は、答案用紙に記載されている注意事項に従ってください。
   　　ニ．　答案用紙の解答欄は、A群の問題とB群の問題とでは異なります。所定の解答欄に、試験問題の数に応じて解答してください。解答欄はA群は50題まで、B群は25題まで解答できるようになっています。
   (6)　電子式卓上計算機その他これと同等の機能を有するものは、使用してはいけません。
   (7)　携帯電話等は、使用してはいけません。
   (8)　試験中、質問があるときは、黙って手を挙げてください。ただし、試験問題の内容、漢字の読み方等に関する質問にはお答えできません。
   (9)　試験終了時刻前に解答ができあがった場合は、黙って手を挙げて、係員の指示に従ってください。
   (10)　試験中に手洗いに立ちたいときは、黙って手を挙げて、係員の指示に従ってください。
   (11)　試験終了の合図があったら、筆記用具を置き、係員の指示に従ってください。

[A群(真偽法)]

1 油圧モータの容積効率は、次式によって表される。ただし、q_v：流量[L／min]、V_g：押しのけ容積[cm³]、n：回転速度[min⁻¹]とする。

$$\frac{q_v \cdot 10^3}{V_g \cdot n}$$

2 シリンダの速度は、同一流量の場合、シリンダの受圧面積が大きいほど遅くなる。

3 油圧ポンプの騒音は、主として圧力によって決まり、回転速度には影響を受けない。

4 ロジック弁(スリップインカートリッジ弁)は、シートタイプの2ポート弁であり、内部リークが少ない。

5 パワーショベル（建設機械）は、各部アクチュエータを同時に動かす作業が多いため、一般にタンデム回路とパラレル回路を併用している。

6 絶対圧力とは、圧力計によって読み取る圧力のことである。

7 ポンプ全効率は、流体出力と軸入力との比である。

8 Cv値・Kv値は、共にバルブの容量係数である。

9 騒音を測定、分析する場合は、一般に、騒音計、周波数分析器が使用される。

10 ロックウェル硬さは、正四角すいのダイヤモンド圧子を試料の表面に押し込み、試験力を解除した後、表面に残ったくぼみの対角線長さにより求められる。

11 油タンクでは、タンク内の圧力をほぼ大気圧に保つことが必要なので、開放型タンク、密閉型タンクのいずれにおいてもエアブリーザは必ず設置されている。

12 アクチュエータの速度調整を行う場合、定容量形ポンプを用いた回路では、回路の安全を考え、リリーフ弁の設定は開放状態にしておく必要がある。

13 スプールの切換えが不完全な場合、交流形電磁切換弁はソレノイド焼損の原因となるが、直流形電磁切換弁はソレノイド焼損の原因となることはない。

14 パイロット作動形リリーフ弁のパイロット弁が異常摩耗すると、設定圧力が不安定になったり、異常音が発生することがある。

15 連続運転中の油圧装置に設置されている油圧ポンプの本体(ケーシング)温度は、油タンク内の作動油温度とほぼ同じである。

16 切換弁のスプールは、ランド部をテーパにしたり、切欠き溝をつけたりして、アクチュエータの速度の微調整をすることができる。

17 高周波焼入れは、一般に、鋼の表面や一部分を焼入れする場合に用いられる。

18 焼戻しは、焼割れした部品を修正するために行う熱処理である。

19 穴基準はめあいにおいて、公差域クラス(寸法公差記号)のHの下の寸法許容差は、等級に関係なく0(ゼロ)である。

20 日本工業規格(JIS)によれば、下図の図記号は、クーラを表す。

21 直流電源において、電流5A、電圧10Vの場合の電力は50Wである。

22 デジタル制御のサンプリング周期は、制御で注目する最大周波数の周期より長くしなければならない。

23 灯油、重油、ギヤ油のうち、引火点の最も高いものは、重油である。

24 下図のように玉掛作業で荷物をつり上げる場合、ワイヤロープにかかる張力は、つり角度θ に関係ない。

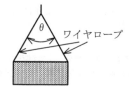

25 労働安全衛生法関係法令では、「事業者は、機械間又はこれと他の設備との間に設ける通路については、幅60cm以上のものとしなければならない。」と規定している。

［B群(多肢択一法)］

1　環状すきまを通過する流量に関する記述として、誤っているものはどれか。
　　　イ　圧力差に比例する。
　　　ロ　すきまの3乗に比例する。
　　　ハ　粘度に反比例する。
　　　ニ　ラップ長さに比例する。

2　比例電磁式制御弁に関する記述として、誤っているものはどれか。
　　　イ　入力電流に比例した流量を制御できるものがある。
　　　ロ　マイコンを搭載したものがある。
　　　ハ　入力電流に比例した圧力を制御できるものがある。
　　　ニ　一般に、サーボ弁よりも応答性がよい。

3　次の記述のうち、誤っているものはどれか。
　　　イ　一般に、閉回路は油圧モータを使用する回路に用いられることが多い。
　　　ロ　油圧モータの直列結合回路は、並列結合回路よりポンプ吐出圧力を低くできる。
　　　ハ　同期回路は、速度制御回路の一種である。
　　　ニ　油圧モータの駆動に固定絞りを用いた同期回路では、負荷変動がある場合、同調がとれない。

4　文中の(　　)内に当てはまる語句として、適切なものはどれか。
　　圧力供給を断った後に、回路系又は機器内に残る望ましくない圧力を(　　)という。
　　　イ　静圧
　　　ロ　残圧
　　　ハ　背圧
　　　ニ　動圧

5　硬さを表す記号に関する記述として、誤っているものはどれか。
　　　イ　HVは、ビッカース硬さを表す。
　　　ロ　HMは、ショア硬さを表す。
　　　ハ　HBWは、ブリネル硬さを表す。
　　　ニ　HRCは、ロックウェル硬さを表す。

[B群(多肢択一法)]

6 文中の( )内に当てはまる語句の組合せとして、適切なものはどれか。

鉛直に取り付けられたアキュムレータのガス封入圧力は、ブラダが破損しないように、最低作動圧力の(①)程度とし、また、最高作動圧力の(②)以下にならないように注意する。

	①	②
イ	85〜90 %	10 %
ロ	85〜90 %	25 %
ハ	65〜70 %	10 %
ニ	65〜70 %	25 %

7 積層弁の組立てに関する記述として、正しいものはどれか。

イ 複雑な回路構成はできないため、油漏れ、振動、騒音などに起因するトラブルが増加する。

ロ バルブを取付ける場合、取付けボルトの締め付け力はスプールのスティックに影響するため、適正締め付けトルクで締め付けた方がよい。

ハ 配管の組立て時間が大幅に短縮されるが、組立て作業に熟練を要する。

ニ 集中設置されるため、保守点検が難しい。

8 下図中のAの名称として、正しいものはどれか。

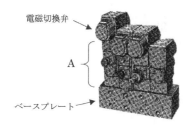

電磁切換弁 →

A {

ベースプレート →

イ 積層弁

ロ カートリッジ弁

ハ ロジック弁

ニ 多連弁

9 作動油中に空気が混入した場合に起こる現象に関する記述として、誤っているものはどれか。

イ 装置の振動を誘発する。

ロ 作動油の劣化を早める。

ハ 圧力が不安定になる。

ニ 油圧ポンプの騒音が低下する。

[B群(多肢択一法)]

10 回路圧力の設定・調整に関する記述として、誤っているものはどれか。
 イ 圧力制御弁は、一般に、ハンドルを時計方向に回せば圧力が上昇するように
  なっている。
 ロ 圧力設定後は、必ず調整ハンドルのロックナットを締めて、設定圧力がずれ
  ないようにする。
 ハ メインリリーフ弁の圧力設定を行った後、回路中の他の圧力制御弁の圧力設
  定を行うのがよい。
 ニ 圧力補償制御付可変容量形ポンプの保持圧力設定値は、ポンプ吐出側に安全
  弁がある場合、安全弁の設定値と同一の設定値にする必要がある。

11 スプールの固着現象を軽減する方法として、適切でないものはどれか。
 イ スプールランド部の円筒度をよくする。
 ロ 作動油の汚染物質を除去する。
 ハ スプールランド部の環状溝を無くす。
 ニ スプールに高い周波数の振動(ディザ)を与える。

12 油圧装置の圧力が不安定になる場合における、パイロット形リリーフ弁の調査項目
として、適切でないものはどれか。
 イ バランスピストンのチョーク穴の異物の有無
 ロ パイロット部のポペットの座り
 ハ パイロットスプリングの自由長
 ニ パイロット部のポペットの異常摩耗

13 工場設備として使用されている油圧ユニットの点検項目のうち、一般に、毎日点検
した方が良いものはどれか。
 イ 油圧ポンプの異常音
 ロ サクションフィルタの付着物
 ハ 油圧ポンプの吸込真空度
 ニ 油圧ポンプのケーシング温度

14 りん酸エステル系作動油に関する記述として、誤っているものはどれか。
 イ 比重は、1よりも小さい。
 ロ 合成系作動油に分類される。
 ハ 難燃性作動油である。
 ニ 使用される機器には、材質がニトリルゴムのOリングは使用できない。

15 文中の(　　)内に当てはまる語句として、正しいものはどれか。
日本工業規格(JIS)の「工業用潤滑油－ISO粘度分類」では、工業用潤滑油ISO粘度グレードは、(　　)における動粘度に基づいて規定されている。
   イ　20 ℃
   ロ　30 ℃
   ハ　40 ℃
   ニ　50 ℃

16 配管材に関する記述のうち、正しいものはどれか。
   イ　OSTは、製作精度は高いが内面が粗い。
   ロ　スケジュール管は、スケジュール番号が大きくなると内径は小さくなる。
   ハ　SGPは、10MPa以下で使用する鋼管である。
   ニ　STKMは、油圧配管材として使用されない。

17 日本工業規格(JIS)によれば、下図の図記号の名称として、正しいものはどれか。

   イ　流量計
   ロ　回転計
   ハ　温度計
   ニ　圧力計

18 下図のすみ肉溶接において、両側脚長の異なる溶接の表示として、正しいものはどれか。

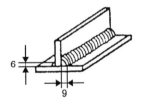

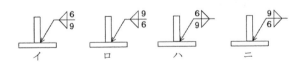

[B群(多肢択一法)]

19 電圧100V、抵抗20Ωの電気回路に流れる直流電流値はどれか。
 イ 2000 A
 ロ 120 A
 ハ   5 A
 ニ 0.2 A

20 文中の( )内に当てはまる語句として、正しいものはどれか。
 三相誘導電動機の同期回転速度は、( )に比例する。
 イ 電圧
 ロ 極数
 ハ すべり
 ニ 電源周波数

21 OR回路の論理式として、正しいものはどれか。ただし、A及びBは入力、Xは出力とする。
 イ $X=A+B$
 ロ $X=A \times B$
 ハ $X=\overline{A+B}$
 ニ $X=\overline{A \times B}$

22 第4類危険物の作動油に関する記述として、誤っているものはどれか。
 イ 第4石油類の作動油とは、150℃以上の引火点をもつ油のことである。
 ロ 第3石油類の作動油とは、70℃以上200℃未満の引火点をもつ油のことである。
 ハ 第4石油類の作動油は、1気圧において温度20℃のとき、液体である。
 ニ 第3石油類の作動油は、1気圧において温度20℃のとき、液体である。

23 次のうち、第4石油類に分類されるものはどれか。
 イ アセトン
 ロ ギヤ油
 ハ 軽油
 ニ 灯油

24 容器保安規則によれば、窒素ガスの容器外面の塗色の区分として、定められているものはどれか。
 イ 黒色
 ロ 緑色
 ハ 褐色
 ニ ねずみ色

25 文中の(   )内に当てはまる語句として、正しいものはどれか。
　　労働安全衛生法関係法令によれば、玉掛けに用いるワイヤロープの安全係数は
　　(   )以上としなければならない。

　　イ　2
　　ロ　3
　　ハ　4
　　ニ　6

平成 30 年度 技能検定
2 級 油圧装置調整 学科試験問題
（油圧装置調整作業）

1. 試験時間　　1 時間 40 分
2. 問題数　　　50 題(A 群 25 題、B 群 25 題)
3. 注意事項
   (1)　係員の指示があるまで、この表紙はあけないでください。
   (2)　答案用紙(真偽法と多肢択一法の併用)に検定職種名、作業名、級別、受検番号、氏名を必ず記入してください。
   (3)　係員の指示に従って、問題数を確かめてください。それらに異常がある場合は、黙って手を挙げてください。問題は A 群(真偽法)と B 群(多肢択一法)とに分かれています。
   (4)　試験開始の合図で始めてください。
   (5)　解答の方法(真偽法と多肢択一法の併用)は次のとおりです。
   　　イ．　A 群の問題(真偽法)は、一つ一つの問題の内容が正しいか、誤っているかを判断して解答してください。
   　　ロ．　B 群の問題(多肢択一法)は、正解と思うものを一つだけ選んで、解答してください。二つ以上に解答した場合は誤答となります。
   　　ハ．　答案用紙(マークシート用紙)へ解答する際は、答案用紙に記載されている注意事項に従ってください。
   　　ニ．　答案用紙の解答欄は、A 群の問題と B 群の問題とでは異なります。所定の解答欄に、試験問題の題数に応じて解答してください。解答欄は A 群は 50 題まで、B 群は 25 題まで解答できるようになっています。
   (6)　電子式卓上計算機その他これと同等の機能を有するものは、使用してはいけません。
   (7)　携帯電話等は、使用してはいけません。
   (8)　試験中、質問があるときは、黙って手を挙げてください。ただし、試験問題の内容、漢字の読み方等に関する質問にはお答えできません。
   (9)　試験終了時刻前に解答ができあがった場合は、黙って手を挙げて、係員の指示に従ってください。
   (10)　試験中に手洗いに立ちたいときは、黙って手を挙げて、係員の指示に従ってください。
   (11)　試験終了の合図があったら、筆記用具を置き、係員の指示に従ってください。

[A群(真偽法)]

1 シリンダの速度は、同一流量の場合、シリンダの受圧面積が大きいほど速くなる。

2 油が管内を流れる場合、圧力損失は流速に反比例する。

3 トロコイドギヤを使用した油圧ポンプは、一般に、外接形ギヤポンプである。

4 直動形リリーフ弁は、パイロット作動形リリーフ弁に比べて、一般に、応答性は優れている。

5 メータアウト制御回路は、負の負荷の場合でも使用できる。

6 チャタリングとは、減圧弁、チェック弁、リリーフ弁等で、弁座をたたいて比較的高い音を発する一種の自励振動現象のことである。

7 耐圧力とは、定格圧力を超えた所定の圧力を所定の時間、機器又は配管に加えた後、最高使用圧力に復帰したとき、性能が保証されなければならない圧力のことである。

8 オーバセンタポンプとは、駆動軸の回転方向を変えることなく流れ方向の反転が可能な油圧ポンプをいう。

9 浸透探傷試験を行う場合、検査品の表面の清掃は、布等でよくふき取る程度で十分である。

10 圧力ピークを計測する場合、ブルドン管式圧力計では計測できないので、圧力変換器などを使用して計測する。

11 高圧配管用炭素鋼鋼管を曲げるときの曲げ半径は、その管の直径以上あれば十分である。

12 リリーフ弁の圧力設定を行う場合には、一般に、低い圧力から徐々に上げていくのがよい。

13 油中に気泡が入ると、負荷によるシリンダの沈下量が減少する。

14 油圧ポンプのストレーナの容量が小さい場合には、キャビテーションを発生することがある。

15 流量が一定の場合、リリーフ弁の戻り油の温度は、リリーフ弁を高圧にセットすると低くなる。

[A群(真偽法)]

16 方向切換弁の主スプールとボディとのクリアランスは、100μm程度にするのがよい。

17 焼戻しは、焼入れによって硬さが増したものを元の硬さに戻す熱処理のことをいう。

18 高周波焼入れとは、鋼の中心部から表面までを同じように硬化させる熱処理法である。

19 日本工業規格(JIS)によれば、下図の図記号は、クーラを表す。

20 日本工業規格(JIS)によれば、下図の図記号は、ヒータを表す。

21 7.5kW、200Vの三相誘導電動機には、効率、力率ともに90%とした場合、15Aの電流が流れる。

22 図Aの三相誘導電動機の結線を、図Bのようにすると回転方向が逆になる。

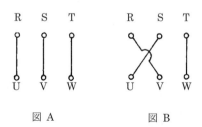

図 A　　　　　　図 B

23 消防法関係法令によれば、第四石油類の引火点は、1気圧において200℃以上250℃未満である。

24 労働安全衛生法関係法令によれば、玉掛け作業に使用するワイヤロープの安全係数は、6以上である。

25 労働安全衛生法関係法令によれば、機械間又はこれと他の設備との間に設ける通路については、幅80cm以上のものとしなければならない。

[B群(多肢択一法)]

1 油圧ポンプのキャビテーションの発生原因として、誤っているものはどれか。
 イ　吸い込み配管の圧力損失が大きい。
 ロ　吸い込み高さが高い。
 ハ　作動油の粘度が高い。
 ニ　作動油の温度が高い。

2 水冷式クーラに関する記述として、誤っているものはどれか。
 イ　クーラ内部にさび、水垢等が付着することによって、冷却効果が低下する。
 ロ　水温が上がっても冷却効果は変わらない。
 ハ　同じ熱交換容量の場合、空冷式クーラよりも小型である。
 ニ　故障によって油に冷却水が混ざる場合がある。

3 文中の(　)内に当てはまる語句として、正しいものはどれか。
ブリードオフ回路は、(　)の一種である。
 イ　圧力制御回路
 ロ　速度制御回路
 ハ　シーケンス回路
 ニ　増圧回路

4 文中の(　)内に当てはまる語句として、適切なものはどれか。
チェック弁、リリーフ弁等で圧力が上昇し、バルブが開き始めて、ある一定の流量
が認められる圧力を(　)という。
 イ　始動圧力
 ロ　クラッキング圧力
 ハ　オーバライド圧力
 ニ　レシート圧力

5 ブルドン管圧力計に関する記述として、誤っているものはどれか。
 イ　精度等級の許容差は、等級が決まれば目盛範囲内の圧力スパンの全域におい
  て一定である。
 ロ　精度によって、5等級に分類される。
 ハ　精度等級では、0.6級の方が1.0級よりも精度がよい。
 ニ　測定する圧力単位は、パスカル(記号Pa)である。

6 日本工業規格(JIS)によれば、ショア硬さを表す際に用いられる記号はどれか。
 イ　HV
 ロ　HBW
 ハ　HR
 ニ　HS

7 積層弁に関する記述として、誤っているものはどれか。
 イ 組立てが容易である。
 ロ 配管が大幅に増大するため、油漏れ、騒音などの配管に起因するトラブルが増える。
 ハ バルブを取付ける場合、取付けボルトの締付け力はスプールのスティックに影響する。
 ニ 集中設置されるため、保守点検が容易である。

8 ブラダ形アキュムレータに封入するガスとして、最も適切なものはどれか。
 イ 酸素
 ロ 窒素
 ハ 二酸化炭素
 ニ 水素

9 流量調整弁でアクチュエータの速度調整をする場合に関する記述として、誤っているものはどれか。
 イ 回路中のエア抜きを十分に行う必要がある。
 ロ アクチュエータの飛び出し現象が起こることがある。
 ハ 入口圧力に比例してアクチュエータの速度は速くなる。
 ニ シリンダを制御する場合、低速時にスティックスリップが起こることがある。

10 油圧装置の油温上昇を低減させる方法として、誤っているものはどれか。
 イ 配管径を小さくする。
 ロ アンロード回路を設ける。
 ハ オイルクーラの容量を大きくする。
 ニ 油タンクを大きくする。

11 油圧ポンプが吐出さない場合の要因として、誤っているものはどれか。
 イ リターンフィルタの容量不足
 ロ ポンプ吸入管の気密不良
 ハ ポンプの回転方向が逆
 ニ ポンプ据付位置が油タンクよりも高すぎる

12 工場設備として使用されている油圧ユニットの「点検箇所・点検項目」と「点検周期の目安」の組合せとして、誤っているものはどれか。

	点検箇所・点検項目	点検周期の目安
イ	サクションストレーナの付着物	1回／3か月
ロ	油圧ポンプの吐出し圧力	1回／3か月
ハ	油圧ポンプのハウジング温度	1回／3か月
ニ	油温	1回／3か月

［B群(多肢択一法)］

13 石油系作動油の管理項目として、必要でないものはどれか。
イ バクテリアの量
ロ 粘度の変化
ハ 汚染物質の量
ニ 酸価

14 作動油に関する記述として、誤っているものはどれか。
イ 石油系作動油は、大気圧において常温では、8〜10%程度の空気を溶解している。
ロ 油中の混入空気は、圧縮性に大きく影響する。
ハ 作動油の体積変化量は、圧縮率に比例する。
ニ 石油系作動油の圧縮率は、水・グリコール系作動油よりも小さい。

15 次の作動油のうちシール・パッキン材質として、ニトリルゴムが使用できないものはどれか。
イ 石油系
ロ りん酸エステル系
ハ O／Wエマルション系
ニ 水・グリコール系

16 日本工業規格(JIS)によれば、油圧配管の規格名と記号の組合せとして、誤っているものはどれか。

	規格名	記号
イ	くい込み式管継手用精密炭素鋼鋼管	STPS
ロ	配管用炭素鋼鋼管	STC
ハ	圧力配管用炭素鋼鋼管	STPG
ニ	高圧配管用炭素鋼鋼管	STS

17 日本工業規格(JIS)によれば、下図の図記号の名称として、正しいものはどれか。

イ 流量計
ロ 回転計
ハ 温度計
ニ 圧力計

[B群(多肢択一法)]

18 日本工業規格(JIS)によれば、各ねじに対応する記号の組合せとして、正しいものはどれか。

	メートルねじ	管用テーパおねじ	管用平行ねじ
イ	R	G	M
ロ	G	M	R
ハ	M	R	G
ニ	M	G	R

19 下図の電気回路における合成抵抗として、正しいものはどれか。

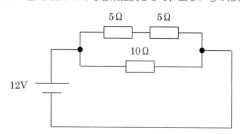

　イ　5Ω
　ロ　10Ω
　ハ　15Ω
　ニ　20Ω

20 直流ソレノイドの特徴に関する記述として、誤っているものはどれか。
　　イ　完全吸着していない状態で通電を継続しても、コイルは焼損しない。
　　ロ　コイルの温度が上昇すると、吸引力は低下する。
　　ハ　交流ソレノイドに比べ、動作速度が遅い。
　　ニ　保持電流と起動電流で電流値が異なる。

21 日本工業規格(JIS)によれば、下図の論理記号を表した論理式として、正しいものはどれか。

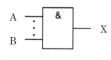

　イ　X＝A＋B

　ロ　X＝A×B

　ハ　X＝$\overline{A+B}$

　ニ　X＝$\overline{A×B}$

[B群(多肢択一法)]

22 文中の(　　)内に当てはまる語句として、適切なものはどれか。
労働安全衛生法関係法令によれば、低圧電気取扱業務における低圧とは、直流は750ボルト以下、交流は(　　)以下をいう。
　　イ　　400 ボルト
　　ロ　　600 ボルト
　　ハ　1000 ボルト
　　ニ　1500 ボルト

23 文中の(　　)内に当てはまる語句として、適切なものはどれか。
蒸気又は可燃性ガスが爆発の危険のある濃度に達するおそれのある危険場所で使用する油圧装置は、(　　)としなければならない。
　　イ　防爆仕様
　　ロ　全閉仕様
　　ハ　高圧仕様
　　ニ　防水仕様

24 容器保安規則によれば、アセチレンガスの容器外面の塗色の区分として、定められているものはどれか。
　　イ　黒色
　　ロ　緑色
　　ハ　かっ色
　　ニ　ねずみ色

25 文中の(　　)内に当てはまる語句として、正しいものはどれか。
つり上げ荷重が(　　)未満のクレーンについては、クレーン等安全規則は適用されない。
　　イ　0.5 トン
　　ロ　1.0 トン
　　ハ　1.5 トン
　　ニ　3.0 トン

平成29年度 技能検定
2級 油圧装置調整 学科試験問題
（油圧装置調整作業）

1. 試験時間　1時間40分

2. 問題数　　50題(A群25題、B群25題)

3. 注意事項

    (1)　係員の指示があるまで、この表紙はあけないでください。

    (2)　答案用紙(真偽法と多肢択一法の併用)に検定職種名、作業名、級別、受検番号、氏名を必ず記入してください。

    (3)　係員の指示に従って、問題数を確かめてください。それらに異常がある場合は、黙って手を挙げてください。問題はA群(真偽法)とB群(多肢択一法)とに分かれています。

    (4)　試験開始の合図で始めてください。

    (5)　解答の方法(真偽法と多肢択一法の併用)は次のとおりです。

    　　イ．　A群の問題(真偽法)は、一つ一つの問題の内容が正しいか、誤っているかを判断して解答してください。

    　　ロ．　B群の問題(多肢択一法)は、正解と思うものを一つだけ選んで、解答してください。二つ以上に解答した場合は誤答となります。

    　　ハ．　答案用紙(マークシート用紙)へ解答する際は、答案用紙に記載されている注意事項に従ってください。

    　　ニ．　答案用紙の解答欄は、A群の問題とB群の問題とでは異なります。所定の解答欄に、試験問題の題数に応じて解答してください。解答欄はA群は50題まで、B群は25題まで解答できるようになっています。

    (6)　電子式卓上計算機その他これと同等の機能を有するものは、使用してはいけません。

    (7)　携帯電話等は、使用してはいけません。

    (8)　試験中、質問があるときは、黙って手を挙げてください。ただし、試験問題の内容、漢字の読み方等に関する質問にはお答えできません。

    (9)　試験終了時刻前に解答ができあがった場合は、黙って手を挙げて、係員の指示に従ってください。

    (10)　試験中に手洗いに立ちたいときは、黙って手を挙げて、係員の指示に従ってください。

    (11)　試験終了の合図があったら、筆記用具を置き、係員の指示に従ってください。

[A群(真偽法)]

1 油圧モータの容積効率は、次式によって表される。ただし、q_v：流量、V_g：押しのけ容積、n：回転速度とする。

$$\frac{q_v \cdot 10^3}{V_g \cdot n}$$

2 シリンダの速度は、同一流量の場合、シリンダの受圧面積が小さいほど遅くなる。

3 日本工業規格(JIS)では、差動回路について、「シリンダから排出した流体をタンクに戻さず、シリンダの入口側に流入させ、シリンダの前進速度を増加させる回路。」と規定している。

4 日本工業規格(JIS)によれば、動圧は全圧と静圧との差で、非圧縮性の場合、密度と速度の積に比例する。

5 絶対圧力とは、圧力計によって読み取る圧力のことである。

6 日本工業規格(JIS)では、フルカットオフについて、「ポンプのカットオフ状態で流量がゼロになること。」と規定している。

7 生分解性作動油は、微生物によって油分がCO_2とH_2Oに分解され、環境に悪影響を及ぼさない性質を持ったものである。

8 日本工業規格(JIS)では、シリンダゲージについて、「測定子の変位を機械的に直角方向に伝達し、長さの基準と比較することによって、取り付けてあるダイヤルゲージなどの指示器で、測定子の変位を読みとる内径測定器。」と規定している。

9 日本工業規格(JIS)によれば、音圧レベルはデシベル(dB)で表す。

10 下図は、ポンプ吸込口の配管方式を示した一例であるが、ユニオン継手の配置は、図Aの方がよい。

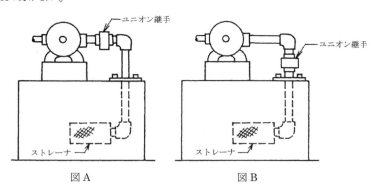

図A　　　　　　　　　図B

11 油圧回路中のエア抜きを行う場合には、できるだけ高圧で行うのがよい。

12 油圧ポンプの運転中の騒音が大きいか、あるいは異常音が発生した場合の原因として考えられるものには、空気の吸込み、ストレーナの目づまり、作動油の粘度等がある。

13 油中に気泡が入ると、負荷によるシリンダの沈下量が増加する。

14 油圧シリンダのピストンパッキンに、摩耗又は損傷による内部漏れがあっても、速度は変わらない。

15 油圧配管のフラッシングの主な目的は、配管内部にあるさびの除去である。

16 脂肪酸エステル系作動油は、一般に、水・グリコール系作動油よりも比重が小さい。

17 作動油の比重は、温度によって変化する。

18 日本工業規格(JIS)の「金属製品熱処理用語」では、浸炭について、「鋼製品の中心部の炭素量を増加させるために、浸炭剤中で加熱する処理。」と規定している。

19 日本工業規格(JIS)の「鉄鋼用語(熱処理)」では、焼ならしについて、「オーステナイト化後水冷により急冷する熱処理。」と規定している。

[A群(真偽法)]

20 日本工業規格(JIS)によれば、幾何特性に用いる記号のうち、下記の記号は、位置度を表している。

21 日本工業規格(JIS)によれば、下図の図記号は、ヒータを表す。

22 抵抗値 R [Ω]の抵抗器に電流 I [A]が流れたときに電圧 V [V]が発生する場合、抵抗器で消費される電力 W[W]は、次式によって表される。
$$W = R / V^2$$

23 下図に示すシーケンス回路において、押しボタン①を押すと、ソレノイドBが励磁され、ソレノイドAが消磁される。

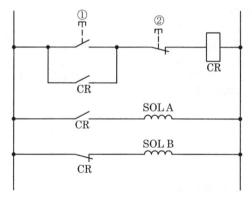

24 消防法関係法令によれば、第四石油類の引火点は、70℃以上200℃未満である。

25 労働安全衛生法関係法令によれば、事業者は、強烈な騒音を発する場所における業務においては、当該業務に従事する労働者に使用させるために、耳栓その他の保護具を備えなければならない。

[B群(多肢択一法)]

1 文中の(　　)内に当てはまる語句として、適切なものはどれか。
オリフィスを通過する作動油の流量は、(　　)に正比例する。
　　イ　前後の差圧力
　　ロ　油の粘度
　　ハ　オリフィスの面積
　　ニ　油の比重量

2 サーボ弁と比較した場合の比例電磁式制御弁に関する一般的な記述として、誤っているものはどれか。
　　イ　応答性が優れている。
　　ロ　フィードバック制御が必要ない。
　　ハ　弁の構造が簡単である。
　　ニ　一般の油圧機器なみの作動油管理でよい。

3 流量制御回路として、誤っているものはどれか。
　　イ　ブリードオフ回路
　　ロ　メータイン回路
　　ハ　シーケンス回路
　　ニ　メータアウト回路

4 文中の(　　)内に当てはまる語句として、正しいものはどれか。
日本工業規格(JIS)では、(　　)について、「チェック弁、リリーフ弁などでバルブの入口側圧力が降下し、バルブが閉じ始めて、バルブの漏れ量がある規定の量まで減少したときの圧力。」と規定している。
　　イ　始動圧力
　　ロ　クラッキング圧力
　　ハ　レシート圧力
　　ニ　オーバライド圧力

5 文中の(　　)内に当てはまる数値の組合せとして、適切なものはどれか。
鉛直に取り付けられたアキュムレータのガス封入圧力は、ブラダが破損しないように、最低作動圧力の(　①　)程度とし、また、最高作動圧力の(　②　)以下にならないように注意する。

	①	②
イ	85〜90 %	10 %
ロ	85〜90 %	25 %
ハ	65〜70 %	10 %
ニ	65〜70 %	25 %

［B群(多肢択一法)］

6　次の硬さを表す記号のうち、ショア硬さを表す際に用いられるものはどれか。
　　　イ　HV
　　　ロ　HS
　　　ハ　HBW
　　　ニ　HRC

7　下図中のAの名称として、正しいものはどれか。

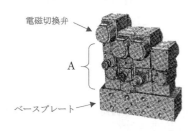

電磁切換弁

A

ベースプレート

　　　イ　積層弁
　　　ロ　カートリッジ弁
　　　ハ　ロジック弁
　　　ニ　多連弁

8　油圧装置の油温の異常上昇の原因として、誤っているものはどれか。
　　　イ　圧力制御弁の設定圧力が高すぎる。
　　　ロ　油タンク内の油量が不足している。
　　　ハ　バルブの内部リークが多くてアンロード時間が短い。
　　　ニ　管路抵抗が小さい。

9　油圧ポンプの運転に関する記述として、誤っているものはどれか。
　　　イ　ピストンポンプは、始動前にケーシングの中へ注油する。
　　　ロ　始動運転では圧力設定を最高にする。
　　　ハ　寸動によって油圧ポンプの回転方向を確認する。
　　　ニ　寸動によって作動油の外部漏れを確認する。

10　油圧ポンプの吐出し量不足の原因として、誤っているものはどれか。
　　　イ　エアレーションを起こしている。
　　　ロ　吐出し量可変機構が作動不良である。
　　　ハ　圧力分配弁が作動不良である。
　　　ニ　作動油に水分が混入している。

11 油圧ポンプが吐き出さない場合の原因として、誤っているものはどれか。
    イ　ポンプの据付位置が油面よりも低い。
    ロ　ポンプの軸が回っていない。
    ハ　作動油の粘度が高すぎる。
    ニ　油タンクの油量が少ない。

12 文中の(　)内に当てはまる数値として、正しいものはどれか。
スプール弁のシルティングを防ぐには、(　)程度のフィルタを使用すると効果的である。
    イ　75 μm
    ロ　50 μm
    ハ　25 μm
    ニ　10 μm

13 工場設備として使用されている油圧ユニットの点検周期の目安として、誤っているものはどれか。
    イ　電気系統の絶縁抵抗測定　　1回／年
    ロ　油圧ポンプの異常音　　　　1回／月
    ハ　油タンク内の油面　　　　　1回／月
    ニ　油タンク内の沈殿水　　　　1回／月

14 電動機に油圧ポンプを取り付ける場合、心出し不良になると発生すると考えられる事象として、誤っているものはどれか。ただし、不良の程度は、回転が可能な状態程度のものとする。
    イ　油圧ポンプの容積効率低下
    ロ　軸受の発熱・摩耗
    ハ　軸のオイルシール部からの油漏れ
    ニ　油圧ポンプの騒音・振動

15 作動油に要求される性質として、誤っているものはどれか。
    イ　必要十分な圧縮性を持つこと。
    ロ　必要十分な流動性を持つこと。
    ハ　物理的、化学的に安定であること。
    ニ　必要十分な潤滑性を持つこと。

16 文中の(　)内に当てはまる数値として、適切なものはどれか。
石油系作動油の水分混入による一般的な交換基準は、水分混入量(　)以上である。
    イ　0.002 vol%
    ロ　0.02 vol%
    ハ　0.2 vol%
    ニ　2 vol%

［B群(多肢択一法)］

17　文中の(　　)内に当てはまる語句として、正しいものはどれか。
　　日本工業規格(JIS)の「工業用潤滑油－ISO粘度分類」によれば、工業用潤滑油ISO
　　粘度グレードは、(　　)における動粘度に基づいて規定されている。
　　　　イ　20 ℃
　　　　ロ　30 ℃
　　　　ハ　40 ℃
　　　　ニ　50 ℃

18　油圧配管の規格名と記号の組合せとして、誤っているものはどれか。
　　　　　　　　　規格名　　　　　　　　記号
　　　　イ　油圧配管用精密炭素鋼鋼管　　STPS
　　　　ロ　配管用炭素鋼鋼管　　　　　　SGP
　　　　ハ　圧力配管用炭素鋼鋼管　　　　STPG
　　　　ニ　高圧配管用炭素鋼鋼管　　　　STS

19　油圧作動油とシール用ゴム材料の組合せとして、適切でないものはどれか。
　　　　　　　油圧作動油　　　　　　シール用ゴム材料
　　　　イ　石油系作動油　　　　　　ふっ素ゴム
　　　　ロ　脂肪酸エステル系作動油　　ふっ素ゴム
　　　　ハ　水・グリコール系作動油　　ウレタンゴム
　　　　ニ　りん酸エステル系作動油　　シリコーンゴム

20　日本工業規格(JIS)によれば、下図の記号の名称として、正しいものはどれか。

　　　　イ　流量計
　　　　ロ　回転計
　　　　ハ　温度計
　　　　ニ　差圧計

21 下図の電気回路における合成抵抗として、正しいものはどれか。

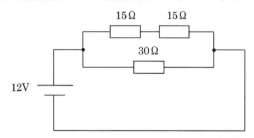

イ 5Ω
ロ 10Ω
ハ 15Ω
ニ 20Ω

22 文中の( )内に当てはまる語句として、正しいものはどれか。
三相誘導電動機の同期回転速度は、( )に比例する。
イ 電圧
ロ 極数
ハ すべり
ニ 電源周波数

23 次のうち、第四石油類に分類されるものはどれか。
イ アセトン
ロ ギヤ油
ハ 軽油
ニ 灯油

24 文中の( )内に当てはまる語句として、正しいものはどれか。
容器保安規則によれば、高圧ガスの容器の外面に表示する塗色の区分は、酸素ガスの場合、( )である。
イ 赤色
ロ 黒色
ハ 緑色
ニ 白色

[B群(多肢択一法)]

25 文中の(　)内に当てはまる数値として、正しいものはどれか。

　　労働安全衛生法関係法令によれば、玉掛けに用いるワイヤロープの安全係数は(　)以上としなければならない。

　　　イ　2
　　　ロ　3
　　　ハ　4
　　　ニ　6

令和元年度 技能検定
1級 油圧装置調整 学科試験問題
（油圧装置調整作業）

1. 試験時間　1時間40分
2. 問題数　　50題(A群25題、B群25題)
3. 注意事項
   (1)　係員の指示があるまで、この表紙はあけないでください。
   (2)　答案用紙(真偽法と多肢択一法の併用)に検定職種名、作業名、級別、受検番号、氏名を必ず記入してください。
   (3)　係員の指示に従って、問題数を確かめてください。それらに異常がある場合は、黙って手を挙げてください。問題はA群(真偽法)とB群(多肢択一法)とに分かれています。
   (4)　試験開始の合図で始めてください。
   (5)　解答の方法(真偽法と多肢択一法の併用)は次のとおりです。
   　　イ．　A群の問題(真偽法)は、一つ一つの問題の内容が正しいか、誤っているかを判断して解答してください。
   　　ロ．　B群の問題(多肢択一法)は、正解と思うものを一つだけ選んで、解答してください。二つ以上に解答した場合は誤答となります。
   　　ハ．　答案用紙(マークシート用紙)へ解答する際は、答案用紙に記載されている注意事項に従ってください。
   　　ニ．　答案用紙の解答欄は、A群の問題とB群の問題とでは異なります。所定の解答欄に、試験問題の題数に応じて解答してください。解答欄はA群は50題まで、B群は25題まで解答できるようになっています。
   (6)　電子式卓上計算機その他これと同等の機能を有するものは、使用してはいけません。
   (7)　携帯電話等は、使用してはいけません。
   (8)　試験中、質問があるときは、黙って手を挙げてください。ただし、試験問題の内容、漢字の読み方等に関する質問にはお答えできません。
   (9)　試験終了時刻前に解答ができあがった場合は、黙って手を挙げて、係員の指示に従ってください。
   (10)　試験中に手洗いに立ちたいときは、黙って手を挙げて、係員の指示に従ってください。
   (11)　試験終了の合図があったら、筆記用具を置き、係員の指示に従ってください。

［A群(真偽法)］

1 油圧モータの全効率を求める場合、出入口圧力差、出口側流量、出力トルク及び出力軸回転速度を測定すれば良い。

2 しゅう動平行二面間の粘性抵抗の大きさは、速度の2乗に比例し、すき間の幅に反比例する。

3 ノズルフラッパ形サーボ弁のスプールは、トルクモータで直接動かされる。

4 ピストン本数9本のアキシアルピストンポンプで、回転速度1800min^{-1}の時の脈動基本周波数は、270Hzである。

5 ブリードオフ回路は、メータアウト回路よりも正確な速度制御ができる。

6 マルチバルブ(多連弁)回路で、一つのスプールを操作しているときに、それよりも下流側のスプールを使用できなくする回路を、タンデム回路という。

7 切換弁のフロート位置では、すべてのアクチュエータポートが戻り口又は排気口に通じている。

8 フェールセーフとは、ある動作に対して他の異常な動作が起こらないように、制御回路上、防止する手段のことである。

9 日本工業規格(JIS)では、測定した騒音と暗騒音のレベル差が15dB以上低い場合には、暗騒音は無視できると規定している。

10 鋳鉄の硬度を測定するには、一般に、ビッカース硬度計が適している。

11 アキュムレータの封入ガスは、酸素でも良い。

12 油圧シリンダにおいてシリンダ速度が遅すぎる場合、スティクスリップ現象の発生原因となる。

13 タンク油温上昇の原因として、油圧ポンプの効率低下が考えられる。

14 　金属材料の疲労強度は、表面仕上げの状態には関係しない。

15 日本工業規格(JIS)によれば、下図の図記号は、減圧弁を表す。

16 下図の図記号は、一般に油圧モータを表す。

17 交流を直流に変換する回路をインバータ回路と呼ぶ。

18 差動変圧器は、疲労摩耗する個所が少ないため、スプール変位やシリンダ変位を測定する組込み用センサとして広く用いられる。

19 日本工業規格(JIS)では、AD変換について、「アナログ信号をディジタル信号に変換すること。」と規定している。

20 三相誘導電動機の回転速度は、次式によって表される。ただし、三相誘導電動機の回転速度：N(min^{-1})、電源周波数：f(Hz)、電動機極数：P、電動機のすべり：sとする。

$$N = \frac{120f}{P}(1-s)$$

21 圧縮空気が管路を流れるとき、流速の遅い所では、圧力が低くなる。

22 圧縮空気中の油霧粒子を除去するには、空気圧フィルタを設置するのが最も効果的である。

23 空気圧フィルタ内にあるディフレクタは、圧縮空気に旋回運動を与える。

24 容器保安規則によれば、高圧ガス容器の塗色区分で、酸素は褐色である。

25 玉掛け用ワイヤロープの一よりの間において、素線数の20%が切断していてもそのまま使用してよい。

［B群(多肢択一法)］

1 管内を流れる流体のレイノルズ数に関する記述として、誤っているものはどれか。
　　イ　5000であれば、流れは乱流である。
　　ロ　単位は、(m／s)で表される。
　　ハ　動粘度に反比例する。
　　ニ　管内径に比例する。

2 非圧縮性流体の場合の動圧に関する記述として、正しいものはどれか。
　　イ　密度の二乗に比例し、また速度の二乗に比例する。
　　ロ　密度に比例し、また速度に比例する。
　　ハ　密度に比例し、また速度の二乗に比例する。
　　ニ　密度の二乗に比例し、また速度に比例する。

3 アキュムレータに関する記述として、誤っているものはどれか。
　　イ　メンテナンス時の補助タンクとして使用する。
　　ロ　油圧ポンプの吐き出し流量の補助用として使用する。
　　ハ　長時間の圧力保持用として使用する。
　　ニ　停電など緊急時の一時的な油圧源として使用する。

4 次のうち、方向制御弁ではないものはどれか。
　　イ　チェック弁
　　ロ　シャトル弁
　　ハ　シーケンス弁
　　ニ　電磁弁

5 アンロード回路に関する記述として、正しいものはどれか。
　　イ　流量を大量に必要とする場合に、ポンプ吐出圧を低圧で運転する回路である。
　　ロ　流量を少量必要とする場合に、ポンプの吐出圧を高圧で運転する回路である。
　　ハ　油圧回路への供給が必要でない場合に、ポンプ吐出量を最小圧力で油タンクに戻す回路である。
　　ニ　アクチュエータに負荷がない場合に、ポンプの吐出圧を低圧で運転する回路である。

6 文中の(　　)内に当てはまる語句として、適切なものはどれか。
　スプール弁において、しゅう動面のすきま形状が平行でないなど適正でない場合には、すきまにおける(　　)が軸対称とならず、スプールを半径方向に押し付ける横力が発生し、バルブの作動を困難にする。この現象を流体固着現象と言う。
　　イ　圧力分布
　　ロ　シルティング
　　ハ　定常流体力
　　ニ　キャビテーション

[B群(多肢択一法)]

7 文中の( )内に当てはまる語句として、適切なものはどれか。
日本工業規格(JIS)では、( )について、「バルブの切換途中で、過渡的に生じるバルブポート間の流れ。」と規定している。
    イ　チョーク流れ
    ロ　カットオフ
    ハ　フルカットオフ
    ニ　インタフロー

8 ボルト又はナットを所定の締め付け力で締め付ける工具として、正しいものはどれか。
    イ　モンキレンチ
    ロ　めがねレンチ
    ハ　トルクレンチ
    ニ　スパナ

9 配管に関する記述として、誤っているものはどれか。
    イ　配管材料は、一般に、使用圧力によって選択されるが、使用する作動液の種類や使用温度範囲等で選択される場合もある。
    ロ　ゴムホースは使用曲げ半径によって寿命が異なるが、最小曲げ半径の50%の曲げ半径で使用すると50%の寿命しか得られない。
    ハ　配管途中にエアーたまり部分ができるときは、エアー抜き装置を考慮する。
    ニ　管の振動防止のために管の支持を設けるが、これは管の外径によって定められた支持間隔の基準によることが望ましい。

10 文中の( )内に当てはまる数値として、正しいものはどれか。
日本工業規格(JIS)の「液圧用の鋼線又は繊維補強ゴムホースアセンブリ」において、クラスが210のとき、ホースアセンブリの最小破壊試験圧力は( )である。
    イ　　14 MPa
    ロ　　28 MPa
    ハ　　84 MPa
    ニ　　140 MPa

11 油圧ユニット据付け時の作業として、必要ないものはどれか。
    イ　接続配管のルートチェック
    ロ　油圧ユニットの設置場所の環境確認
    ハ　使用油圧機器の分解点検
    ニ　アクチュエータの取付け状態確認

[B群(多肢択一法)]

12 油圧ポンプの始動に関する記述として、誤っているものはどれか。

 イ 始動前に油圧回路構成をチェックし、始動時にアクチュエータが飛び出さないかどうか確認する。

 ロ 開回路の始動時は、油圧ポンプの回転方向を確認し、もし逆方向に回転している場合は、吸入側と吐出側の配管を逆に接続する。

 ハ 始動時は、油圧ポンプが作動油を吸ったかどうか、ポンプ運転音や吐出圧力を注意深くチェックし判断する。

 ニ 始動時作動油粘度が適正粘度より高いときは、適正粘度以下になるまで、低圧でウオーミングアップを行う。

13 アクチュエータの不規則な運動の原因に関する記述として、誤っているものはどれか。

 イ 回路中に空気が混入していると、アクチュエータの速度は不安定になりやすい。

 ロ シリンダに荷重を載せて上下方向に作動する装置では、微動落下を防ぐためにパイロットチェック弁などを使用するとよい。

 ハ 流量調整弁の入口と出口の圧力差が流量調整弁の最低作動差圧よりも低いと、開度を大きくしてもシリンダの速度は変化しない。

 ニ シリンダのパッキン抵抗が大きい場合、低圧低速で動かすとスティクスリップ現象を発生する。

14 文中の(　)内に当てはまる語句の組合せとして、適切なものはどれか。

油タンクは一般に(①)で作られ、タンクの容積は、作動中に適当な油面を保持し、装置が正常運転中に発生する(②)させ、作動油中の(③)や(④)、(⑤)を分離させるのに十分な大きさで、装置を停止したとき管路内の油がタンクに戻ってもあふれないことが必要である。

	①	②	③	④	⑤
イ	鋼板の曲げ加工	空気を発散	水分	鉄分	汚れ
ロ	鋼板のプレス加工	水分を発散	熱	汚れ	気泡
ハ	鋼板の熱間鍛造	固形分を分離	熱	気泡	汚れ
ニ	鋼板溶接	熱を放散	気泡	ごみ	異物

15 次の作動油のうち、転がり軸受け潤滑性が最も劣るものはどれか。

 イ 石油系作動油

 ロ 脂肪酸エステル

 ハ 水・グリコール

 ニ りん酸エステル

16 作動油の種類及び性質に関する記述として、誤っているものはどれか。

 イ 石油系作動油には、耐摩耗性作動油も含まれる。

 ロ O／Wエマルションは、水溶性の難燃性作動油に含まれる。

 ハ 石油系作動油の中には、比重が水よりも重いものがある。

 ニ りん酸エステル系作動油は、一般に、潤滑性が優れている。

17 作動油の性状に関する記述として、誤っているものはどれか。
 イ 粘度は容積効率、機械効率に影響する。
 ロ 最低使用温度よりも、5℃以上、流動点の低い油を選定する。
 ハ 粘度指数の大きい油ほど、油温に対する動粘度の変化が小さい。
 ニ 引火点は、火災の危険性を示し、油の蒸発性と密接な関係を持っている。

18 文中の( )内に当てはまる語句の組合せとして、適切なものはどれか。
 日本工業規格(JIS)では、Oリングの識別記号の意味として、NBR－70－1は、「(①)用で(②)硬さA70のもの」と規定している。

     ①   ②
 イ 耐圧   スプリング
 ロ 耐圧   タイプAデュロメータ
 ハ 耐鉱物油 スプリング
 ニ 耐鉱物油 タイプAデュロメータ

19 日本工業規格(JIS)における、ねじの種類と記号に関する記述として、誤っているものはどれか。
 イ 「管用テーパおねじ」を表す記号は「T」である。
 ロ 「管用平行ねじ」を表す記号は「G」である。
 ハ 「ユニファイ並目ねじ」を表す記号は「UNC」である。
 ニ 「ユニファイ細目ねじ」を表す記号は「UNF」である。

20 日本工業規格(JIS)に規定されている、図面に表示する加工方法①と記号②の組合せとして、誤っているものはどれか。
     ①   ②
 イ 旋削   L
 ロ 穴あけ(きりもみ) B
 ハ フライス削り M
 ニ 研削   G

[B群(多肢択一法)]

21 抵抗の測定に用いられる回路として下図のホイートストンブリッジがあり、これは検流計Gの電流が0になるように抵抗Rを調整し、未知の抵抗Xの値を求めるものである。図中のXを求める計算式として、正しいものはどれか。

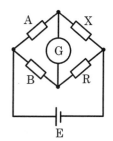

　イ　X＝(B×R)／A
　ロ　X＝(A×R)／B
　ハ　X＝(A×B)／R
　ニ　X＝(E×B)／R

22 文中の(　　)内に当てはまる数値として、適切なものはどれか。
　　30 ℃において全容積10 Lのアキュムレータにガスを5 MPaで封入し、その後、0 ℃時にガスの容積を1／2に圧縮した。このとき、ガスの圧力は約(　　)となる。
　　イ　　6 MPa
　　ロ　　9 MPa
　　ハ　12 MPa
　　ニ　15 MPa

23 文中の(　　)内に当てはまる語句として、適切なものはどれか。
　　日本工業規格(JIS)の「油圧・空気圧システム及び機器−用語」では、(　　)について、「温度 0℃、絶対圧力101.3 kPaでの乾燥気体の状態。」と規定している。
　　イ　標準状態
　　ロ　乾燥状態
　　ハ　飽和状態
　　ニ　基準状態

24 文中の(　　)内に当てはまる語句の組合せとして、正しいものはどれか。
　　労働安全衛生法関係法令によれば、低圧電気取扱業務でいう低圧とは、直流は(①)以下、交流は(②)以下をいう。
　　　　　　　　①　　　　②
　　イ　600 V　　600 V
　　ロ　600 V　　750 V
　　ハ　750 V　　600 V
　　ニ　750 V　　750 V

25 文中の(　　)内に当てはまる語句の組合せとして、正しいものはどれか。

ガス圧がゲージ圧(　①　)以上で、内容積が(　②　)以上のアキュムレータは第二種圧力容器の範囲に入り、労働安全衛生法関係法令の規制を受ける。

	①	②
イ	0.1 MPa	0.02 m³
ロ	0.1 MPa	0.04 m³
ハ	0.2 MPa	0.02 m³
ニ	0.2 MPa	0.04 m³

平成 30 年度 技能検定
1 級 油圧装置調整 学科試験問題
（油圧装置調整作業）

1. 試験時間　　1 時間 40 分
2. 問題数　　　50 題(A 群 25 題、B 群 25 題)
3. 注意事項
   (1)　　係員の指示があるまで、この表紙はあけないでください。
   (2)　　答案用紙(真偽法と多肢択一法の併用)に検定職種名、作業名、級別、受検番号、氏名を必ず記入してください。
   (3)　　係員の指示に従って、問題数を確かめてください。それらに異常がある場合は、黙って手を挙げてください。問題は A 群(真偽法)と B 群(多肢択一法)とに分かれています。
   (4)　　試験開始の合図で始めてください。
   (5)　　解答の方法(真偽法と多肢択一法の併用)は次のとおりです。
   　　イ．　A 群の問題(真偽法)は、一つ一つの問題の内容が正しいか、誤っているかを判断して解答してください。
   　　ロ．　B 群の問題(多肢択一法)は、正解と思うものを一つだけ選んで、解答してください。二つ以上に解答した場合は誤答となります。
   　　ハ．　答案用紙(マークシート用紙)へ解答する際は、答案用紙に記載されている注意事項に従ってください。
   　　ニ．　答案用紙の解答欄は、A 群の問題と B 群の問題とでは異なります。所定の解答欄に、試験問題の題数に応じて解答してください。解答欄は A 群は 50 題まで、B 群は 25 題まで解答できるようになっています。
   (6)　　電子式卓上計算機その他これと同等の機能を有するものは、使用してはいけません。
   (7)　　携帯電話等は、使用してはいけません。
   (8)　　試験中、質問があるときは、黙って手を挙げてください。ただし、試験問題の内容、漢字の読み方等に関する質問にはお答えできません。
   (9)　　試験終了時刻前に解答ができあがった場合は、黙って手を挙げて、係員の指示に従ってください。
   (10)　　試験中に手洗いに立ちたいときは、黙って手を挙げて、係員の指示に従ってください。
   (11)　　試験終了の合図があったら、筆記用具を置き、係員の指示に従ってください。

[A群(真偽法)]

1 ある高さの容器に液体を満たし、底にある小穴から液体を流出させた場合、その底の小穴から流出する液体の流量は、液体の高さの2乗に比例する。

2 スプール形方向制御弁のスプールに働く流体力は、圧力や流量に関係なく一定である。

3 ロジック弁(スリップインカートリッジ弁)のポペットは、圧力差によって作動するので、ポペットの面積比は機能上重要である。

4 流量調整弁は、2次圧を一定にする減圧弁を内蔵した流量制御弁である。

5 ロッキング回路において外気温度が上昇する場合、油の圧縮と温度膨張の関係で、1℃上昇当たり、シリンダ内圧が約1MPa上昇する。ただし、回路は密閉されており、回路内のリークは無いものとする。

6 油圧モータ駆動ウインチにおいて、荷重が一定の場合、油圧モータの入口と出口の差圧は、巻上げ時及び巻下げ時において共に等しい。

7 始動トルクとは、油圧モータを特定の条件下で静止状態から始動するとき、油圧モータから取り出される最高トルクのことである。

8 ディザーとは、スプール弁などで、摩擦、固着現象などの影響を減少させて、その特性を改善するために与える1〜5Hz程度の比較的低い周波数の振動のことである。

9 器差が+0.02 mmの外側マイクロメータで測定を行ったとき、読みが160.00 mmであった。実寸法は、159.98 mmである。

10 研削といしの粒度表示で#320と#500を比べた場合、#320の方がと粒が粗い。

11 一般に、圧力制御弁のドレン配管を戻り配管と結合して油タンクに戻しても、その機器の特性には影響がない。

12 流動している液体の圧力が局部的に低下して、蒸気及び含有気体を含む泡が発生する現象をキャビテーションという。

13 減圧弁のドレンポートに背圧が加わると、二次側の圧力が低下する。

14 日本工業規格(JIS)によれば、Oリングに用いる材料でふっ素ゴムを表す識別記号は、FKMである。

［A群(真偽法)］

15 下図の図記号は、シーケンス弁を表す。

16 日本工業規格(JIS)によれば、下図の図記号は、空気タンクを表す。

17 下図の電気回路における抵抗の接続は、直列接続である。

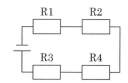

18 直流形電磁弁を切換えたときは、保持電流の5〜7倍程度の起動電流が流れる。

19 アナログ信号をデジタル信号に変換することをDA変換という。

20 差動変圧器は、1次コイルに直流の一定電圧を印加したとき、可動鉄心の変位に応じた電圧を2次コイルから出力されることを応用したものである。

21 三相誘導電動機で駆動する油圧ポンプでは、負荷時の吐出量は、ポンプ容積効率と電動機のすべりを考慮する必要がある。

22 空気圧フィルタやルブリケータには、合成樹脂を用いたものが多く、アルコール、シンナーなどの有機溶剤で清掃してはならない。

23 空気圧フィルタ内にあるバッフルは、圧縮空気に旋回運動を与える。

24 高圧ガス保安法関係法令によれば、高圧ガス容器の塗色区分では、窒素は緑色である。

25 90dB以上の音が発生する場所で騒音作業に従事する労働者には、耳栓やイヤーマフ等の防音保護具を使用させる。

[B群(多肢択一法)]

1 文中の( )内に当てはまる語句の組合せとして、適切なものはどれか。
 粘度指数の(①)作動油は、低温時粘度が(②)し、管路抵抗が大きくなる。

　　　　　① 　　　②
　イ　高い　　　増加
　ロ　高い　　　低下
　ハ　低い　　　増加
　ニ　低い　　　低下

2 文中の( )内に当てはまる語句として、正しいものはどれか。
 日本工業規格(JIS)によれば、導管、管継手及びマニホールドを通る作動流体の速度は、吸込みラインにおいて( )を超えないことが望ましい。
　イ　5 m／s
　ロ　1.2 m／s
　ハ　5 m／min
　ニ　1.2 m／min

3 次のうち、圧力制御弁でないものはどれか。
　イ　アンロード弁
　ロ　カウンタバランス弁
　ハ　シーケンス弁
　ニ　シャトル弁

4 油圧ポンプに関する記述として、誤っているものはどれか。
　イ　ピストンポンプのピストン本数は、奇数にする方が脈動が大きくなる。
　ロ　圧力平衡形ベーンポンプのベアリングには圧力による負荷はかからないが、ギヤポンプのベアリングには大きな負荷がかかる。
　ハ　外接形ギヤポンプは、ポンプ軸が回されるとギヤのかみ合い部が離れるときに空間が生じ、油を自吸する。
　ニ　ベーンポンプは、ベーンが摩耗しても、カムリングとの間に隙間ができないので圧力が低下しない。

5 次のうち、圧力制御回路でないものはどれか。
　イ　差動回路
　ロ　荷重のバランス回路
　ハ　遠隔操作回路
　ニ　比例電磁式リリーフ弁回路

[B群(多肢択一法)]

6　文中の(　　)内に当てはまる語句として、適切なものはどれか。
　　日本工業規格(JIS)では、(　　)について、「ポンプ出口側圧力が設定圧力に近づいた
　　とき、吐出し量制御が働いて、流量を減少させること。」と規定している。
　　　イ　インタフロー
　　　ロ　フルカットオフ
　　　ハ　ブリードオフ
　　　ニ　カットオフ

7　文中の(　　)内に当てはまる語句として、正しいものはどれか。
　　日本工業規格(JIS)では、(　　)について、「圧力制御機器で調節した圧力。」と規定
　　している。
　　　イ　破壊圧力
　　　ロ　耐圧力
　　　ハ　最低作動圧力
　　　ニ　設定圧力

8　油圧装置の油温の監視に使用する白金測温抵抗体に関する記述として、誤っている
　　ものはどれか。
　　　イ　温度に比例する白金の電気抵抗値を計測器に取り込み測定する検出器であ
　　　　　る。
　　　ロ　最高測定温度は、一般に、600℃程度である。
　　　ハ　長時間使用しても劣化がほとんどなく安定している。
　　　ニ　衝撃や振動の影響を受けにくい。

9　配管フラッシングに関する記述として、誤っているものはどれか。
　　　イ　フラッシング時の作動油には、専用のフラッシング油の使用が望ましい。
　　　ロ　フラッシング時の作動油の流れは、層流状態が望ましいので、高粘度・低温
　　　　　状態での運転が必要である。
　　　ハ　管内の溶接スケールやさびを除去する目的で酸洗処理を実施した後に、フラ
　　　　　ッシング作業を行うことが望ましい。
　　　ニ　配管フラッシングの目的は、組立て時に混入した塵埃や付着物を流出させて
　　　　　取り除くことである。

10　日本工業規格(JIS)の「液圧用の鋼線又は繊維補強ゴムホースアセンブリ」によれ
　　ば、最高使用圧力が14MPaの油圧ゴムホースの最小破壊試験圧力として、適切なも
　　のはどれか。
　　　イ　28 MPa
　　　ロ　42 MPa
　　　ハ　56 MPa
　　　ニ　68 MPa

[B群(多肢択一法)]

11 ブラダ形アキュムレータに関する記述として、誤っているものはどれか。
　　　イ　装着姿勢は、油口を下にした鉛直取付けをした方がよい。
　　　ロ　ガス封入圧力は、最低作動圧力の90%以上である。
　　　ハ　封入ガスは、窒素である。
　　　ニ　油口には、締切り弁を取り付ける場合がある。

12 ピストンポンプの始動運転時の操作に関する記述として、誤っているものはどれか。
　　　イ　ハウジング内の作動油を抜く。
　　　ロ　圧力設定を最低にする。
　　　ハ　インチング運転を行う。
　　　ニ　なじみ運転を行う。

13 リリーフ弁に関する記述として、誤っているものはどれか。
　　　イ　リリーフ弁の圧力設定後、オンロード、アンロードを繰り返し、設定圧力の安定性を調べるとよい。
　　　ロ　メインリリーフ弁の設定圧力と、回路内のシーケンス弁、減圧弁の設定圧力との差は、一般に、0.2MPa程度あればよい。
　　　ハ　パイロット作動形リリーフ弁の最低調整圧力は、0.5～1MPa程度である。
　　　ニ　リリーフ弁への供給油量が極端に少ないと、圧力不安定の原因になる。

14 油圧ポンプの騒音対策に関する記述として、誤っているものはどれか。
　　　イ　油圧ポンプの入口、出口にフレキシブルホースを使用する。
　　　ロ　戻り油を直接ポンプが吸い込まないように、油タンク内に仕切板を設ける。
　　　ハ　吸入配管をできるだけ太くする。
　　　ニ　作動油の粘度を高くする。

15 文中の( )内に当てはまる語句として、適切なものはどれか。
　　石油系作動油の水分混入による一般的な交換基準は、水分量( )以上である。
　　　イ　0.002 vol%
　　　ロ　0.2 vol%
　　　ハ　2.0 vol%
　　　ニ　20 vol%

16 文中の( )内に当てはまる語句の組合せとして、正しいものはどれか。
　　低温で使用される油圧装置では(①)が重要で、作動油の選択には使用最低温度よりも(②)以上(①)の低いものを選定する必要がある。
　　　　　　　　　①　　　　　②
　　　イ　凝固点　　　10 ℃
　　　ロ　凝固点　　　20 ℃
　　　ハ　流動点　　　10 ℃
　　　ニ　流動点　　　20 ℃

［B群(多肢択一法)］

17 作動油の圧縮率に関する記述として、誤っているものはどれか。
　　イ　体積変化量は、圧縮率に比例する。
　　ロ　圧縮率の逆数は、体積弾性係数と呼ばれる。
　　ハ　圧縮率は、流体の温度、圧力によって変化する。
　　ニ　石油系作動油の圧縮率は、水・グリコール系作動油よりも小さい。

18 日本工業規格(JIS)によれば、Oリングの種類と記号の組合せとして、誤っているものはどれか。
　　　　　　　種類　　　　　　記号
　　イ　運動用Oリング　　　　P
　　ロ　ISO精密機器用Oリング　　S
　　ハ　真空フランジ用Oリング　　V
　　ニ　固定用Oリング　　　　　F

19 日本工業規格(JIS)によれば、温度調節器の図記号として、正しいものはどれか。

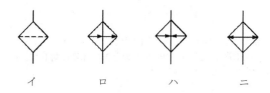

　　　　　イ　　　　　　ロ　　　　　　ハ　　　　　　ニ

20 日本工業規格(JIS)によれば、空気圧源の図記号として、正しいものはどれか。

　　　　　イ　　　　　　ロ　　　　　　ハ　　　　　　ニ

[B群(多肢択一法)]

21 論理回路のNAND回路を下図のリレー回路で構成するとき、［　　　］内に当てはまる正しい回路はどれか。ただし、A、Bが入力、Xが出力であるものとする。

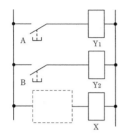

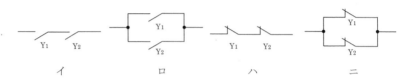

イ　　　　　　　ロ　　　　　　　ハ　　　　　　　ニ

22 文中の(　　)内に当てはまる語句として、適切なものはどれか。
気体の温度が0℃から10℃に上昇すると、0℃のときの体積に対して、約(　　)膨張する。ただし、圧力の変化はないものとする。
　　イ　　0.037 %
　　ロ　　0.37 %
　　ハ　　3.7 %
　　ニ　　37 %

23 文中の(　　)内に当てはまる語句として、適切なものはどれか。
日本工業規格(JIS)によれば、温度20℃、絶対圧力101.3kPa、相対湿度65%の空気の状態を(　　)という。
　　イ　　標準状態
　　ロ　　乾燥状態
　　ハ　　飽和状態
　　ニ　　基準状態

24 文中の(　　)内に当てはまる語句の組合せとして、適切なものはどれか。
消防法関係法令によれば、第四石油類とは、1気圧において引火点が(　①　)以上(　②　)未満のものをいう。
　　　　　　　　　①　　　　　　②
　　イ　　70 ℃　　　200 ℃
　　ロ　　70 ℃　　　250 ℃
　　ハ　　200 ℃　　250 ℃
　　ニ　　200 ℃　　280 ℃

［B群(多肢択一法)］

25 玉掛け作業に関する記述として、正しいものはどれか。
　　イ　玉掛け作業において、ワイヤのつり角度の大きさは60°以上とする。
　　ロ　玉掛け作業に使用するワイヤロープの安全係数は、5以上とする。
　　ハ　玉掛け用ワイヤロープの一よりの間において素線の数の10%以上の素線が切断しているものは使用してはならない。
　　ニ　クレーン作業において、つりクランプ1個を用いて玉掛けをした荷がつり上げられているとき、その下で作業を行うときは見張り人をつける。

平成 29 年度 技能検定
1 級 油圧装置調整 学科試験問題
(油圧装置調整作業)

1. 試験時間　　1 時間 40 分
2. 問題数　　　50 題(A 群 25 題、B 群 25 題)
3. 注意事項
   (1)　　係員の指示があるまで、この表紙はあけないでください。
   (2)　　答案用紙(真偽法と多肢択一法の併用)に検定職種名、作業名、級別、受検番号、氏名を必ず記入してください。
   (3)　　係員の指示に従って、問題数を確かめてください。それらに異常がある場合は、黙って手を挙げてください。問題は A 群(真偽法)と B 群(多肢択一法)とに分かれています。
   (4)　　試験開始の合図で始めてください。
   (5)　　解答の方法(真偽法と多肢択一法の併用)は次のとおりです。
      イ．　A 群の問題(真偽法)は、一つ一つの問題の内容が正しいか、誤っているかを判断して解答してください。
      ロ．　B 群の問題(多肢択一法)は、正解と思うものを一つだけ選んで、解答してください。二つ以上に解答した場合は誤答となります。
      ハ．　答案用紙(マークシート用紙)へ解答する際は、答案用紙に記載されている注意事項に従ってください。
      ニ．　答案用紙の解答欄は、A 群の問題と B 群の問題とでは異なります。所定の解答欄に、試験問題の題数に応じて解答してください。解答欄は A 群は 50 題まで、B 群は 25 題まで解答できるようになっています。
   (6)　　電子式卓上計算機その他これと同等の機能を有するものは、使用してはいけません。
   (7)　　携帯電話等は、使用してはいけません。
   (8)　　試験中、質問があるときは、黙って手を挙げてください。ただし、試験問題の内容、漢字の読み方等に関する質問にはお答えできません。
   (9)　　試験終了時刻前に解答ができあがった場合は、黙って手を挙げて、係員の指示に従ってください。
   (10)　　試験中に手洗いに立ちたいときは、黙って手を挙げて、係員の指示に従ってください。
   (11)　　試験終了の合図があったら、筆記用具を置き、係員の指示に従ってください。

[A群(真偽法)]

1 日本工業規格(JIS)では、サージ減衰弁について、「流れの過渡的な変動を制限することによって、衝撃を和らげるバルブ。」と規定している。

2 日本工業規格(JIS)では、流量調整弁について、「入口圧力又は背圧の変化に関係なく、流量を所定の値に保持することができる圧力補償機能をもつ流量制御弁。」と規定している。

3 日本工業規格(JIS)では、積層弁について、「数個の同種のバルブを共通の本体に組み込んで、一体にした形式のバルブユニット。」と規定している。

4 閉回路においては、一般に、油温上昇を抑えるために、フラッシング弁を組み込む。

5 ACサーボモータ駆動による定容量形ポンプの回転速度制御によって、圧力制御及び流量制御が可能である。

6 日本工業規格(JIS)では、油圧モータの始動トルクについて、「モータを特定の条件の下で静止状態から始動するとき、モータから取り出される最低トルク。」と規定している。

7 日本工業規格(JIS)では、オーバセンタポンプについて、「駆動軸の回転方向を変えることなく流れ方向の反転が可能なポンプ。」と規定している。

8 日本工業規格(JIS)によれば、研削といし用研削材の粒度において、♯1000は精密研磨用微粉に区分される。

9 器差が＋0.02 mmの外側マイクロメータで測定を行い、読みが160.00 mmであった場合、実寸法は、160.02 mmである。

10 油圧回路中、油圧ポンプと切換弁との間にメインリリーフ弁が設けられ、切換弁とシリンダ間にオーバロードリリーフ弁が付けられている場合、異音発生を防止するには、設定圧力を同じにするとよい。

11 油圧装置における油圧ポンプ、バルブ、アクチュエータ等の個々の油圧機器が正常でも、それらの相互干渉によって、騒音を発生することがある。

12 油圧シリンダに生じるスティックスリップ現象の最大の原因は、リリーフ弁の圧力不安定現象である。

13 油圧ポンプのキャビテーションが発生する原因の一つとして、ストレーナの目づまりが挙げられる。

14 油の引火点とは、油を徐々に加熱して、そこから発生する可燃性ガスに炎を近づけたときに引火する最低温度である。

15 日本工業規格(JIS)によれば、Oリングに用いる材料で水素化ニトリルゴムを識別記号によって表す場合、ACMが用いられる。

16 日本工業規格(JIS)によれば、下図の記号は、ガス容器を表している。

17 下図の記号は、リリーフ弁(直動形)を表す。

18 交流を直流に変換する回路をインバータ回路と呼ぶ。

19 日本工業規格(JIS)では、AD変換について、「アナログ信号をディジタル信号に変換すること。」と規定している。

20 インバータによる電動機回転速度制御の省エネルギー化三相誘導電動機の回転速度は、次式によって表される。ただし、三相誘導電動機の回転速度：N (min^{-1})、電源周波数：f(Hz)、電動機極数：P、電動機のすべり：s とする。

$$N = \frac{120f}{P}(1-s)$$

21 日本工業規格(JIS)では、空気圧で用いる標準参考空気について、「温度0℃、相対湿度65%、大気圧0.1MPa」と規定している。

22 空気圧フィルタ内にあるバッフルは、圧縮空気に旋回運動を与える。

23 有機溶剤のある環境で空気圧フィルタを使用する際は、ポリカーボネートなどの樹脂製ケースを使用するとよい。

24 容器保安規則によれば、高圧ガス容器の塗色区分において、水素ガスはねずみ色である。

25 労働安全衛生関係法令によれば、玉掛用ワイヤロープは、直径の減少が公称径の10パーセントまでであれば使用してよい。

[B群(多肢択一法)]

1 管内を流れる流体のレイノルズ数に関する記述として、誤っているものはどれか。
イ 5000であれば、流れは乱流である。
ロ 単位は、(m／s)で表される。
ハ 動粘度に反比例する。
ニ 管内径に比例する。

2 非圧縮性流体の場合の動圧に関する記述として、正しいものはどれか。
イ 密度の二乗に比例し、また速度の二乗に比例する。
ロ 密度に比例し、また速度に比例する。
ハ 密度に比例し、また速度の二乗に比例する。
ニ 密度の二乗に比例し、また速度に比例する。

3 文中の(　)内に当てはまる数値として、正しいものはどれか。
日本工業規格(JIS)によれば、高圧ラインの配管の場合、導管、管継手及びマニホールドを通る作動流体の速度は、(　)を超えないことが望ましい。
イ 1.2 m／s
ロ 3 m／s
ハ 4 m／s
ニ 5 m／s

4 文中の(　)内に当てはまる語句として、誤っているものはどれか。
ロジック弁(スリップインカートリッジ弁)は、シートタイプであるため、(　)。
イ 一般に応答性が悪い
ロ 内部リークが非常に少ない
ハ ハイドロリックロックがない
ニ オーバラップがない

5 油圧ポンプと油圧モータを使用する車両等の閉回路に関する記述として、適切でないものはどれか。
イ 油圧モータがポンプ作用をすることがある。
ロ 油圧ポンプがモータ作用をすることがある。
ハ 開回路に比べて、熱の発生は少ない。
ニ 一般に、定容量形ポンプが使用されている。

[B群(多肢択一法)]

6 マルチバルブ(多連弁)のパラレル回路に関する記述として、誤っているものはどれか。

  イ　複数のスプールを同時に操作すると、バルブ開度の大きい連のアクチュエータから作動する。

  ロ　複数のスプールを同時に全開で操作すると、負荷の最も小さいアクチュエータから作動する。

  ハ　複数のスプール操作においてスプールの開度を加減すると、アクチュエータは同時に作動させることができる。

  ニ　アクチュエータは、それぞれ独立に作動させることができる。

7 文中の(　　)内に当てはまる語句として、正しいものはどれか。

日本工業規格(JIS)では、(　　)について、「定格圧力を超えた所定の圧力を所定の時間、機器又は配管に加えた後、最高使用圧力に復帰したとき、性能が保証されなければならない圧力。」と規定している。

  イ　破壊圧力

  ロ　耐圧力

  ハ　最低作動圧力

  ニ　設定圧力

8 文中の(　　)内に当てはまる語句として、正しいものはどれか。

日本工業規格(JIS)では、(　　)について、「ポンプ出口側圧力が設定圧力に近づいたとき、吐出し量制御が働いて、流量を減少させること。」と規定している。

  イ　デコンプレッション

  ロ　インタフロー

  ハ　カットオフ

  ニ　フルカットオフ

9 文中の(　　)内に当てはまる語句として、正しいものはどれか。

日本工業規格(JIS)では、(　　)について、「管路内に設けられた翼車の回転数を計数して、流速を測定する方式の流量計。」と規定している。

  イ　タービン流量計

  ロ　ターゲット式流量計

  ハ　面積式流量計

  ニ　容積式流量計

10 文中の(　　)内に当てはまる数値として、正しいものはどれか。

日本工業規格(JIS)の「液圧用の鋼線又は繊維補強ゴムホースアセンブリ」によれば、クラスが210のとき、ホースアセンブリの最小破壊試験圧力は(　　)である。

  イ　　14 MPa

  ロ　　28 MPa

  ハ　　84 MPa

  ニ　140 MPa

[B群(多肢択一法)]

11 油タンクに作動油を入れて油圧装置を初めて運転する場合に油圧回路内の空気抜き
   を行う理由として、一般に、適切でないものはどれか。
   　イ　油圧装置の作動遅れを防止する。
   　ロ　サーボ弁の不安定化をなくす。
   　ハ　シールの早期劣化を防止する。
   　ニ　油タンクの油温上昇を防止する。

12 交流電磁弁で切換不良が発生した原因を調べるための調査内容として、誤っている
   ものはどれか。
   　イ　コイルの絶縁抵抗値をチェックする。
   　ロ　水などの浸入がないかをチェックする。
   　ハ　供給電源のプラス・マイナスをチェックする。
   　ニ　スプールが固着していないかをチェックする。

13 次の工業用潤滑油のISO粘度グレード番号のうち、建設機械の作動油として一般に
   使用されているものはどれか。
   　イ　ISO VG 10
   　ロ　ISO VG 46
   　ハ　ISO VG 150
   　ニ　ISO VG 1000

14 作動油に関する記述として、誤っているものはどれか。
   　イ　作動油のISO粘度グレードは、40℃のときの動粘度(mm²/s)で表される。
   　ロ　石油系作動油は、一般に、圧力が高くなると粘度は高くなる。
   　ハ　温度変化による粘度変化が大きいほど粘度指数は大きくなる。
   　ニ　石油系作動油は、りん酸エステル系作動油と比較して粘度指数が大きい。

15 文中の(　　)内に当てはまる語句として、正しいものはどれか。
   日本工業規格(JIS)の「鉄鋼用語(熱処理)」では、(　　)について、「鉄鋼製品を静止
   空気中よりもより迅速に冷却することからなる操作。」と規定している。
   　イ　焼入れ
   　ロ　焼ならし
   　ハ　焼なまし
   　ニ　焼戻し

16 石油系作動油のシール材として、適切でないものはどれか。
   　イ　ブチルゴム
   　ロ　ふっ素ゴム
   　ハ　ニトリルゴム
   　ニ　アクリルゴム

17 文中の( )内に当てはまる語句として、正しいものはどれか。
日本工業規格(JIS)の「加工方法記号」によれば、加工方法が中ぐりの場合、記号は
( )である。
イ B
ロ D
ハ L
ニ M

18 日本工業規格(JIS)によれば、下図の記号の名称として、正しいものはどれか。

イ ダブルフィルタ
ロ 消音器
ハ 音響表示要素
ニ 音響式表示器

19 文中の( )内に当てはまる語句として、正しいものはどれか。
日本工業規格(JIS)の「ねじの表し方」によれば、メートル台形ねじを表す記号は
( )と規定されている。
イ M
ロ Tr
ハ S
ニ Rc

20 抵抗の測定に用いられる回路として下図のホイートストンブリッジがあり、これは
検流計Gの電流が0になるように抵抗Rを調整し、未知の抵抗Xの値を求めるもので
ある。図中のXを求める計算式として、正しいものはどれか。

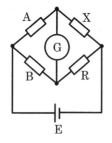

イ X＝(B×R)／A
ロ X＝(A×R)／B
ハ X＝(A×B)／R
ニ X＝(E×B)／R

[B群(多肢択一法)]

21 文中の( )内に当てはまる語句として、正しいものはどれか。
日本工業規格(JIS)の「油圧・空気圧システム及び機器－用語」では、( )につい
て、「温度0℃、絶対圧力101.3kPaでの乾燥気体の状態。」と規定している。
　　イ　臨界状態
　　ロ　乾燥状態
　　ハ　飽和状態
　　ニ　基準状態

22 文中の( )内に当てはまる数値として、適切なものはどれか。
30℃において全容積10Lのアキュムレータにガスを5MPaで封入し、その後、0℃時
にガスの容積を1／2に圧縮した。このとき、ガスの圧力は約( )となる。
　　イ　　6 MPa
　　ロ　　9 MPa
　　ハ　12 MPa
　　ニ　15 MPa

23 文中の( )内に当てはまる数値の組合せとして、正しいものはどれか。
労働安全衛生法関係法令によれば、低圧電気取扱業務でいう低圧とは、直流は
(①)以下、交流は(②)以下をいう。
　　　　　　　①　　　　　　②
　　イ　600 V　　　600 V
　　ロ　600 V　　　750 V
　　ハ　750 V　　　600 V
　　ニ　750 V　　　750 V

24 文中の( )内に当てはまる数値として、正しいものはどれか。
労働安全衛生法関係法令では、機械間等の通路について、「事業者は、機械間又はこ
れと他の設備との間に設ける通路については、幅( )以上のものとしなければなら
ない。」と規定している。
　　イ　50 cm
　　ロ　60 cm
　　ハ　70 cm
　　ニ　80 cm

25 文中の( )内に当てはまる数値として、正しいものはどれか。
労働安全衛生法関係法令によれば、架設通路では、墜落の危険のある箇所には、原
則、高さ( )以上の手すり又はこれと同等以上の機能を有する設備を設けなければ
ならない。
　　イ　55 cm
　　ロ　65 cm
　　ハ　75 cm
　　ニ　85 cm

油圧装置調整

正解表

令和元年度　2級　実技試験（計画立案等作業試験）正解表
油圧装置調整（油圧装置調整作業）

問題	正　解						
1	設問 1	設問 2	設問 3	設問 4	設問 5	設問 6	設問 7
	×	○	○	×	○	○	○

問題				
2	①	②	③	
	エ	シ	コ	

問題						
3	①	②	③	④	⑤	⑥
	ウ	ア	b	オ	オ	エ
	⑦	⑧	⑨	⑩	⑪	⑫
	a	ウ	ウ	ウ	ア	c

問題		設問 1			
4		①	②	③	④
	名称	ウ	オ	イ	エ
	材質	a	c	b	d
	設問 2	設問 3	設問 4	設問 5	設問 6
	イ	イ	ウ	イ	ア

問題	設問 1					
5	A	B	C	D	E	F
	ウ	オ	イ	カ	サ	ク
	設問 2	設問 3	設問 4			設問 5
			I		II	
	ア	イ	ア	キ	エ　　カ	イ

※設問4の I、IIは、それぞれ順不同。

平成 30 年度　2 級　実技試験（計画立案等作業試験）正解表
油圧装置調整（油圧装置調整作業）

問題	正　解									

問題 1

	設問1					設問2			
	①	②	③	④	⑤	⑥	⑦	⑧	⑨
	オ	ク	ウ	ア	ウ	ク	キ	オ	エ

※設問 1 の④⑤は、順不同。

問題 2

①	②	③	④	⑤	⑥
キ	ウ	エ	カ	サ	コ

※②③は、順不同。

問題 3

①	②	③	④	⑤	⑥
オ	コ	カ	ク	イ	ケ

問題 4

設問1	設問2									
	①	②	③	④	⑤	⑥	⑦	⑧	⑨	⑩
ア	カ	ア	ケ	セ	ス	オ	サ	イ	ク	シ

設問3	設問4	設問5	
イ	イ	ア	エ

※設問5は、順不同。

問題 5

設問1								
機器A	機器B	機器C	機器D	機器E	機器F	機器G	機器H	機器I
サ	セ	イ	ケ	カ	キ	エ	ソ	ス

設問2	設問3	設問4	設問5
イ	ウ	エ	ア

平成29年度 2級 実技試験（計画立案等作業試験）正解表
油圧装置調整（油圧装置調整作業）

問題	正　解

1

イ	エ	カ	ク	コ

※順不同。

2

A	B	C	D	E	F	G	H	I	J
ス	ソ	⑥	⑪	⑬	ウ	コ	ク	オ	⑨

※C～Eは、順不同。

3

①	②	③	④	⑤	⑥
ア	エ	ク	ウ	カ	サ

4

設問1

A	B	C	D	E	F	G	H	I	J	K	L
ク	イ	イ	ク	ソ	セ	チ	タ	コ	ク	ソ	ス

設問2

エ

設問3

シャフト(分離形)	ポートプレート	スラストブロック	ロータ
⑩	⑨	⑤	④

設問4

Ⓑ

5

設問1

機器A	機器B	機器C	機器D	機器E	機器F
オ	エ	シ	カ	ケ	イ

設問2

イ

設問3

Ⅰ		Ⅱ	
ア	キ	エ	カ

※設問3のⅠ及びⅡは、それぞれ順不同。

設問4	設問5
イ	ア

令和元年度　1級　実技試験（計画立案等作業試験）正解表
油圧装置調整（油圧装置調整作業）

<table>
<tr><th>問題</th><th colspan="6">正　　解</th></tr>
<tr><td rowspan="11">1</td><td colspan="2">設問1</td><td colspan="2">設問2</td><td colspan="2">設問3</td></tr>
<tr><td>ア</td><td>ウ</td><td colspan="2">20 cm／s</td><td colspan="2">6 MPa</td></tr>
<tr><td colspan="2">設問4</td><td colspan="2">設問5</td><td colspan="2">設問6</td></tr>
<tr><td>ア</td><td>イ</td><td colspan="2">エ</td><td colspan="2">20 cm／s</td></tr>
</table>

（設問1）ア　ウ　オ　／　設問4）ア　イ　オ

<table>
<tr><td colspan="2">設問7</td><td colspan="2">設問8</td></tr>
<tr><td>キャップ側圧力</td><td>ロッド側圧力</td><td>キャップ側圧力</td><td>ロッド側圧力</td></tr>
<tr><td>2 MPa</td><td>8 MPa</td><td>8 MPa</td><td>20 MPa</td></tr>
</table>

※設問1、設問4は、順不同。

2

①	②	③	④	⑤	⑥	⑦	⑧	⑨
ⓕ	エ	カ	ⓙ	イ	セ	ク	コ	ⓗ

※⑦、⑧は、順不同。

3

設問1	設問2	設問3	設問4	設問5
エ	エ	イ	ウ	ウ

4

設問1					
①	②	③	④	⑤	⑥
イ	エ	ウ	オ	ク	ア

設問2			問2
問1			
①	②	③	
イ	ア	ウ	ウ

5

設問1				設問2			
A	B	C	D	①	②	③	④
イ	カ	キ	ケ	イ	オ	コ	ス

設問3					設問4	設問5	設問6	設問7
A	B	C	D	E				
カ	ア	エ	ウ	キ	ウ	エ	イ	エ

※設問2の①、②は、順不同。

平成 30 年度　1 級　実技試験（計画立案等作業試験）正解表
油圧装置調整（油圧装置調整作業）

問題	正　解

問題 1

設問 1			設問 2				設問 3							
①	②	③	④	⑤	⑥	⑦	⑧	⑨	⑩	⑪	⑫	⑬	⑭	⑮
チ	ウ	イ	ト	キ	シ	カ	ニ	ヒ	ネ	テ	ス	コ	ホ	セ

※⑪⑫は、順不同。

問題 2

設問 1	設問 2		設問 3
エ	⑬	⑭	⑫

※設問 2 は、順不同。

問題 3

①	②	③	④	⑤	⑥	⑦
ウ	ソ	ク	シ	ア	エ	コ

問題 4

設問 1
エ

	設問 2					
	①	②	③	④	⑤	⑥
名称	c	b	g	f	d	a
材質	ア	イ	ア	ア	エ	イ

設問 3	設問 4	設問 5	設問 6	設問 7			設問 8
				①	②	③	
イ	a	b	エ	ア	ウ	ア	イ

問題 5

①	②	③	④	⑤	⑥	⑦	⑧	⑨	⑩
ウ	エ	ア	オ	イ	キ	カ	ク	コ	ケ

平成 29 年度　1級　実技試験（計画立案等作業試験）正解表
油圧装置調整（油圧装置調整作業）

問題	正　解

問題 1

①	②	③	④	⑤	⑥	⑦	⑧	⑨	⑩
サ	コ	エ	セ	テ	タ	イ	ケ	キ	オ

問題 2

①	②	③	④	⑤	⑥	⑦	⑧	⑨
イ	キ	チ	ウ	ス	サ	オ	キ	コ

問題 3

①	②	③	④	⑤
ウ	エ	キ	サ	シ

問題 4

設問 1

キ

設問 2

①	②	③	④	⑤	⑥	⑦	⑧	⑨	⑩
シ	カ	コ	オ	エ	イ	セ	ウ	キ	ア

設問 3	設問 4	設問 5		設問 6
ウ	ア	イ	カ	イ

※設問 5 は、順不同。

問題 5

設問 1

Ⓐ	Ⓑ	Ⓒ	Ⓓ	Ⓔ	Ⓧ	Ⓨ
カ	ケ	イ	ア	サ	シ	ス

設問 2	設問 3	設問 4
ウ	ウ	ウ

令和元年度　2級　学科試験正解表
油圧装置調整（油圧装置調整作業）

真偽法

番号	1	2	3	4	5
正解	X	O	X	O	O

番号	6	7	8	9	10
正解	X	O	O	O	X

番号	11	12	13	14	15
正解	X	X	O	O	X

番号	16	17	18	19	20
正解	O	O	X	O	X

番号	21	22	23	24	25
正解	O	X	X	X	X

択一法

番号	1	2	3	4	5
正解	ニ	ニ	ロ	ロ	ロ

番号	6	7	8	9	10
正解	ロ	ロ	イ	ニ	ニ

番号	11	12	13	14	15
正解	ハ	ハ	イ	イ	ハ

番号	16	17	18	19	20
正解	ロ	ニ	ハ	ハ	ニ

番号	21	22	23	24	25
正解	イ	イ	ロ	ニ	ニ

平成30年度　2級　学科試験正解表
油圧装置調整（油圧装置調整作業）

真偽法

番号	1	2	3	4	5
正解	X	X	X	O	O

番号	6	7	8	9	10
正解	O	O	O	X	O

番号	11	12	13	14	15
正解	X	O	X	O	X

番号	16	17	18	19	20
正解	X	X	X	X	O

番号	21	22	23	24	25
正解	X	O	O	O	O

択一法

番号	1	2	3	4	5
正解	ニ	ロ	ロ	ロ	イ

番号	6	7	8	9	10
正解	ニ	ロ	ロ	ハ	イ

番号	11	12	13	14	15
正解	イ	ニ	イ	ニ	ロ

番号	16	17	18	19	20
正解	ロ	ハ	ハ	イ	ニ

番号	21	22	23	24	25
正解	ロ	ロ	イ	ハ	イ

平成29年度　2級　学科試験正解表
油圧装置調整（油圧装置調整作業）

真偽法

番号	1	2	3	4	5
解答	X	X	○	X	X

番号	6	7	8	9	10
解答	○	○	○	○	○

番号	11	12	13	14	15
解答	X	○	○	X	X

番号	16	17	18	19	20
解答	○	○	X	X	○

番号	21	22	23	24	25
解答	X	X	X	X	○

択一法

番号	1	2	3	4	5
解答	ハ	イ	ハ	ハ	ロ

番号	6	7	8	9	10
解答	ロ	イ	ニ	ロ	ニ

番号	11	12	13	14	15
解答	イ	ニ	ロ	イ	イ

番号	16	17	18	19	20
解答	ハ	ハ	イ	ハ	ロ

番号	21	22	23	24	25
解答	ハ	ニ	ロ	ロ	ニ

令和元年度　1級　学科試験正解表
油圧装置調整（油圧装置調整作業）

真偽法

番号	1	2	3	4	5
正解	X	X	X	○	X

番号	6	7	8	9	10
正解	○	○	X	○	X

番号	11	12	13	14	15
正解	X	○	○	X	○

番号	16	17	18	19	20
正解	X	X	○	○	○

番号	21	22	23	24	25
正解	X	X	○	X	X

択一法

番号	1	2	3	4	5
正解	ロ	ハ	イ	ハ	ハ

番号	6	7	8	9	10
正解	イ	ニ	ハ	ロ	ハ

番号	11	12	13	14	15
正解	ハ	ロ	ハ	ニ	ハ

番号	16	17	18	19	20
正解	ハ	ロ	ニ	イ	ロ

番号	21	22	23	24	25
正解	ロ	ロ	ニ	ハ	ニ

平成30年度　1級　学科試験正解表
油圧装置調整（油圧装置調整作業）

真偽法

番号	1	2	3	4	5
正解	X	X	○	X	○

番号	6	7	8	9	10
正解	X	X	X	○	○

番号	11	12	13	14	15
正解	X	○	X	○	X

番号	16	17	18	19	20
正解	○	○	X	X	X

番号	21	22	23	24	25
正解	○	○	X	X	○

択一法

番号	1	2	3	4	5
正解	ハ	ロ	ニ	イ	イ

番号	6	7	8	9	10
正解	ニ	ニ	ニ	ロ	ハ

番号	11	12	13	14	15
正解	ロ	イ	ロ	ニ	ロ

番号	16	17	18	19	20
正解	ハ	ニ	ニ	ロ	ロ

番号	21	22	23	24	25
正解	ニ	ハ	イ	ハ	ハ

平成 29 年度　1 級　学科試験正解表
油圧装置調整（油圧装置調整作業）

真偽法

番号	1	2	3	4	5
解答	○	○	×	○	○

番号	6	7	8	9	10
解答	○	○	○	×	×

番号	11	12	13	14	15
解答	○	×	○	○	×

番号	16	17	18	19	20
解答	×	×	×	○	○

番号	21	22	23	24	25
解答	×	×	×	×	×

択一法

番号	1	2	3	4	5
解答	ロ	ハ	ニ	イ	ニ

番号	6	7	8	9	10
解答	イ	ロ	ハ	イ	ハ

番号	11	12	13	14	15
解答	ニ	ハ	ロ	ハ	イ

番号	16	17	18	19	20
解答	イ	イ	ロ	ロ	ロ

番号	21	22	23	24	25
解答	ニ	ロ	ハ	ニ	ニ

・本書掲載の試験問題及び解答の内容につい
てのお問い合わせ等には、一切応じられま
せんのでご了承ください。
・試験問題について、都合により一部、編集
しているものがあります。

平成29・30・令和元年度

1・2級 技能検定 試験問題集 70 油圧装置調整

令和2年9月 初版発行

監 修 中央職業能力開発協会

発 行 一般社団法人 雇用問題研究会

〒103-0002 東京都中央区日本橋馬喰町1-14-5 日本橋Kビル2階
TEL 03-5651-7071（代） FAX 03-5651-7077
URL http://www.koyoerc.or.jp

印 刷 株式会社ワイズ

223070

ISBN978-4-87563-669-4 C3000